JN111701

「姫マインド」で今の自分のまま幸せになる

悲劇のヒロインを卒業して
愛され女子になる
たったひとつの習慣

仲本あんり
Anri Nakamoto

誠文堂新光社

はじめに

「悲劇のヒロイン」思考から「姫マインド」思考へ

〝世界でいちばん不幸なわたし〟から脱却できたワケ

どうして、いつもわたしばっかり不幸なんだろう?
どうして、あの子はいつも幸せそうなんだろう?

いいな、いいな、みんなが羨《うらや》ましい。
わたしは、いつだって幸せになれない……。
人の目を気にして、人に嫌われないように
傷つかないように、気をつけて生きているのに
自分自身はいつも不幸の沼から抜け出せない。
いつも、わたしだけが不幸な気がする!
つらい! しんどい! こんな人生、さいあく!

3年前までのわたしは、まさにこの「悲劇のヒロイン」状態で、泥沼から抜け出せずに生きていました。

いつも自分は被害者で、つねにその理由を誰かや何かのせいにして、それでいて、ビクビクして人の目が気になってばかりいました。

恋愛でも失敗ばかり。誰かを好きになったとたん「嫌われないようにしなきゃ」という不安にかられて尽くさずにはいられないという、完全なる恋愛依存こじらせ女子でした。

必死に頑張って、完璧でいないと誰からも愛されないし、みんなに嫌われてしまう――本気でそう思っていました。苦しくて苦しくて、つねにもがいていました。

自分が大嫌いでたまらなかったのです。

学生時代から、ずっとそんな悲劇のヒロイン状態で生きていたわたしは、人の意見や世間からの評価ばかりを気にしていました。

みんなに認められる学校に入って
みんなに認められる職業に就《つ》いて
みんなに認められる洋服を着て
みんなに認められる時期に結婚して
みんなに認められる発言をして――。

と、頑張って頑張って頑張りつづけなくてはいけないのが、わたしの人生。そこに自分の意思はなく、いつも誰かの言いなりでした。

高校卒業後は、幼い頃からの夢だった看護専門学校に行き、無事に看護師になりました。

夢を叶えたら少しでも自分に自信が持てるようになるかな、と期待していたのですが、念願だった看護師になっても相変わらず悲劇のヒロイン状態はつづきました。

そして、ついにある日、最悪なことが起こってしまいました。持病のアトピー性皮膚炎が悪化してしまったのです。

このアトピーも、わたしを自分嫌いにさせる大きな原因のひとつでした。

「幸せになりたいのに、こんなんじゃ無理！　どうして、わたしばっかりこんなにつらい目に遭《あ》うの……！」

鏡を見るたびに、そんな気持ちがあふれてきました。まるでゾンビのような顔になり、肌が硬直して笑うこともできない状態でした。

もともと自己肯定感が低く、自分にまったく自信のないわたしが、人前に出られないほどの見た目になったことで感じることといえば——絶望でした。

こんなにボロボロの自分を好きでいてくれる人なんて、いるはずがない。完璧じゃない自分には価値がないし、みんなに嫌われてひとりぼっちになってしまう——。

そんな恐怖でいっぱいになりました。ただただ絶望しかなかったのです。

心もからだも、あまりにしんどくなり、仕事にも行けなくなりました。

けれども、現実は思いもよらないものでした。

敵だと感じて心を許していなかった職場の人たちからは、「大丈夫？　今はゆっくり休んでいいんだよ」と言ってもらいました。

こんなに汚くなったわたしは絶対に捨てられてしまうと思っていたのに、当時の彼からは「あんまり気にしすぎなくて大丈夫だよ」とヨシヨシしてもらいました。

怖くて、とてもスッピンなんて見せられなかった美人の友だちからは、「あんりが思っているほどひどくないよ？　大丈夫！」と言ってもらえました。

そして、ちゃんとしていなきゃ愛してもらえないと思っていた母からは、「大丈夫、大丈夫。ゆっくり治そうね」と言ってもらえました。

現実は、自分が思っていたよりも何倍もやさしかったのです。

「あれ？　わたしって、完璧じゃなくても愛してもらえるの？」

〝完璧な自分〟でいれば、誰にも攻撃されないし、嫌われなくて済む――そう思っていつも肩に力を入れて怯《おび》えて生きていたわたしにとって、この気づきはあまりにも衝撃的なものでした。

〝完璧じゃなくても愛してもらえる〟という気づきを得て、わたしの心には密《ひそ》かなる期待が生まれました。

「もしかして、わたし、何もしなくても愛される？」

この密かな期待を持つことで、「自分を好きになる」という考え方を実践してみることにしたのです。

最初にしたのは、「わたしって、どうなりたいんだっけ？」を徹底的に自分自身に聞く作業でした。

それまで人の目ばかりを気にして、自分のことは後回しだったわたしにとって、その作業は簡単ではありませんでした。

それでも、できるだけ丁寧に、自分の内なる声に耳を傾けていくうちに、ある日、ストンと腑《ふ》に落ちる答えが出ました。


〝ただ、そこにいるだけで愛される、お姫様みたいな存在になりたい〟


それまで、何かができる自分じゃないと愛されない――愛されるためには条件を満たさなくてはいけないという〝条件付き〟の愛ばかりを自分に強《し》いてきたわたしにとっては、夢のような考え方でした。

思えば、自分の人生なのに、何ひとつ自分で選んでこなかったということに気づいたのです。仕事も、恋愛も、結婚も、今日食べたいものさえ。

そして、もうひとつ、とても大切な事実に気がつきました。

誰かや世間が決めていると思い込んでいた「わたしの価値」は、じつは自分自身が決めていたのだということに。

いいことも悪いことも、ぜんぶ自分が決めていて、すべては自分次第なのだということに気がついたのです。


「だったら、自分本位で生きてみたらいいんじゃない？」


そんな気持ちが湧いてきました。自分の人生を主役として生きるのです。

そこで、〝自分の人生の主役を生きる〟このメソッドを〝姫マインド〟と呼ぶことにしました。

何かを選択したり、決断したりする際には必ず、〝わたし〟を主語にします。

恋愛でも、仕事でもそう。

これまでずっと、〝彼が〟〝親が〟〝周りが〟〝世間が〟と自分以外の主語ばかりに身をゆだねていたことに気がついたからです。

この姫マインドを身につけたことで、わたしの人生は一気に安心感に包まれました。自分のことが大嫌いで、いつも誰かのせいにしていた人生が、１８０度変わったのです。

「わたしは、わたしに生まれてよかった」

そう心から思えるようになりました。

すると、心とからだが元気になったのはもちろんですが、何より実際の生活がガラッと変わり始めたのです。もちろん、よい方向に。

わたしがやったことといえば、自分の「どうなりたい？」「何が好き？」に耳を傾けて、ひとつずつ実践していったというだけです。

でも27歳でパーソナルスタイリストとして起業し、1年半で月商１００万円を超え、予約が絶えない人気サロンになり、今では3店舗を運営しています。そして、運命の人にも出会いました。

それまでの過去がまるでうそだったかのように、人生が好転したのです。

だから、みなさんにも、ぜひこの〝姫マインド〟で幸せを手にしてほしくて、この本を書こうと思いました。

自分のことを世界一不幸だと思っていた悲劇のヒロインが、「わたしって世界でいちばん幸せ♡」と心から思えるようになったこの魔法を、丸ごとお伝えします。

むずかしいことは何もないので、安心してください。

〝姫マインド〟の大原則は、すべて自分自身で決めること。

だからブレることがありません。つねに、「わたしって、どうしたいんだっけ？」と自分に聞きつづけるだけでいいのです。

あなたは世界にたったひとりしかいない、唯一無二の存在。

誰と比べる必要もないですし、誰を打ち負かす必要も、打ち負かされる必要もありません。今のままのあなたで、何の問題もないのです。

〝姫マインド〟は、日々あなたを大切にして自分の心に目を向けていくための、超簡単なメソッドです。

迷うことはありません。今日この瞬間から、世界でいちばん大切なあなた自身を、愛で満たしていきましょう。

すべての女性に、この〝姫マインド〟を捧《ささ》げます。

「姫マインド」で
今の自分のまま
幸せになる

Contents

Chapter 01
姫マインド
基礎編

背伸びしないで〝今の自分のまま〟幸せになる方法

Chapter 02 姫マインド 恋愛編

幸せになる覚悟をする

Chapter 03
姫マインド
ライフスタイル編

「やりたいな」を現実にする

Chapter 04
姫マインド
お金&
ビジネス編

女子は〝頑張りすぎない〟ほうがうまくいく!

Chapter 01

姫マインド
基礎編

背伸びしないで
“今の自分のまま”
幸せになる方法

どんな現実も、決めているのは自分だと気づくこと

まずは今の、あなたの毎日について考えてみてください。

今、あなたは毎日、幸せですか？

人生の主役で生きるためには、まず自分が毎日どんなことを選択して生きているのかに気づくことから始まります。

自分が何を選んでいるか、ちょっと意識してみてください。

もし、今の生活に何も不自由なく、不満もないなら、その幸せを選択しているのはあなた自身です。自分を幸せにする選択をしっかりできている自分自身を、めいっぱい褒《ほ》めてあげましょう。

でも、もし少しでも不満があるなら、一緒に考えてみましょう。

たとえば、こんな不満があるかもしれません。

「彼氏が全然かまってくれない！」

そうですね。よくある不満だと思います。**でも、その彼氏と付き合うと決めたのは、いったい誰だったでしょう？**

「告白してきたのは彼だし～。押しが強かったからなんとなく……」と言い訳したくなるかもしれませんね。

でも、その告白を受けると決めたのは誰だったでしょうか？

「職場の雰囲気が最悪で、給料も低いし、辞めたいのに辞められないし……」

という仕事の不満もあるかもしれません。

でも、考えてみてください。その職場で勤めつづけると決めたのは誰？

「だって、人が少ないから、わたしが辞めると迷惑かけちゃうし……」

たしかにそうかもしれません。

でも、文句を言いながらも〝いい人〟でいつづける選択をしているのは誰でしょう？

もう、答えははっきりしていますよね。

幸せな現実であっても、不満いっぱいな現実であっても、**選んでいるのは、すべて自分なんです。**

あなたの選択が、今の現実を作っているということ。

人生を主役で生きたいなら、まずこの事実に気づいてください。

今の状況が自分にふさわしくないと思うなら、選択を変えましょう。それだけで、あなたの現実が必ず変わるはずだからです。

姫マインドの魔法

現実を変えたいなら、選択を変えよう。

ただそこにいるだけで、愛される存在になる

〝ただ、そこにいるだけで愛される〟


こう聞いて、あなたはどう感じますか？

わたしがこの言葉を初めて聞いたとき、「そんなこと絶対にありえない！」と憤慨《ふんがい》しました。心の底から怒りが湧いたのです。

なぜなら、そのときのわたしはまだ、悲劇のヒロイン思考まっしぐらだったから。

悲劇のヒロイン時代のわたしは、いつもこんなふうに考えていました。

立派な職業に就かないと認めてもらえない
〝いい人〟でいないと認められない

適齢期に結婚しないと認められない
ちゃんと働いてないわたしはダメ人間だ
可愛くないわたしは誰にも愛されない
いつでもちゃんとしてないと愛されない

こうやって並べてみると一目瞭然ですが、**つねに〝外側から〟の評価を得ることに必死だったんですね。**

だから「自分がどうしたいか」はいつでも後回し。

それよりも、どうやったら世間から認めてもらえる自分になれるのか――それだけがわたしの価値を決める基準でした。世間から認めてもらえたら一安心。そのかわり、ほんの少しでも〝普通〟から外れたら大パニックに陥《おちい》ります。怖くて怖くて、その不足を埋めるのに必死でした。

そんな悲劇のヒロインのわたしが頑張っていた頃は、こんな暮らしでした。

看護師として働いて、毎日おしゃれしてキレイにして、学生時代からの友だちとも仲良くし、おしゃれなお店で外食して、休みの日は彼氏とデート。27歳で結婚して、立派な結婚式も挙げました。

人から見れば、じゅうぶん〝普通〟だし、むしろ順風満帆かもしれません。

でも、わたしの心は、いつも不幸でした。

この世間の〝普通〟の枠から、いつはみ出してしまわないかと気が気ではありません。ビクビクして、つねに人の目ばかり気になって自分を取り繕《つくろ》っていました。

自分自身をまったく認められず、ひとときも心が休まらないほど、不安でたまらなかったのです。

心もからだも疲れきって、持病のアトピーで顔もボロボロになってしまったとき、初めて「どんな自分になりたいのか？」を考えました。

じっくり考えて、たどり着いた答えはこうでした。


「ただ、そこにいるだけで愛される、お姫さまみたいな存在になりたい」


この自分の願望に気づいたとき、どうだったかって？

ぶっちゃけ、自分でもちょっと笑いました！

だって、「お姫さま」ですよ。何言っちゃってるんだろう、わたしって（笑）。
でも考えれば考えるほど、わたしの魂が求めているのは、お姫さまのような生き方だ――という結論にたどり着いたのです。

ただ、そこにいるだけで愛される。
ただ、そこにいるだけで可愛がってもらえる。
そしてその愛を、さも当たり前のように幸せそうに受け取れる女の子。
それがいちばん自分が納得できる、わたしの理想のお姫さま像だったのです。

姫マインドの魔法

当たり前のように幸せを受け取っていい。

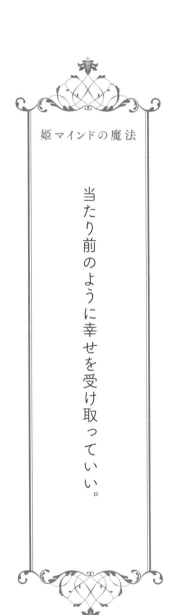

自分の価値を何ではかってる？

ここまでお話ししたように、悲劇のヒロインだったわたしにとって、自分の価値を決めるのはいつも〝世間の評価〟のみでした。

人から「いいね」と言われればホッとするし、「そんなんじゃダメだよ」と言われれば、一気に不安と恐怖に襲《おそ》われます。


「ちゃんとしたわたしじゃないと愛されない」

「ちゃんとしないと、周りから認めてもらえない」


そうやって条件付きでしか自分の価値をはかれていなかったから、毎日が苦しかったんです。

しかも〝世間の評価〟って、じつはすごく曖昧《あいまい》ですよね？　明確な評価基準がないんです。だから、何をやっても不安で、終わりがありません。見えない誰かに認められつづけるために、ずっと頑張らなければいけないので、からだにも心にも、いつも力が入っている状態。

それって、めちゃくちゃしんどいですよね。

自分の価値って、なんだと思いますか？

わたしの場合は、「自分の価値ってなんだろう？」と考えたとき、**まず「理想の自分」をはっきり決めるといいんだということに気づきました。**

そこで何にも誰にも遠慮せず、「ぶっちゃけ、こうなりたい！」という願望を書き出してみたのです。

それはもう、どろどろの欲まみれのものでした！

・チヤホヤされたい
・認められたい
・崇《あが》められたい
・たくさんお金がほしい

・彼には世界一溺愛《できあい》されたい
・幸せになりたい
・お金を気にせずほしいものを全部買いたい
・何でも買ってくれる彼氏がほしい
・いつでも好きなときに海外旅行に行きたい
・ラクして生きたい

このぶっちゃけの欲を書き出してみたとき、ドキドキしながらも、なんだかとっても満たされた気持ちになりました。書き出したリストを眺めながら、「こうなれたら最高……！」とニヤニヤしたことをよく覚えています。

人目を気にして、外側からの評価で穴埋めするのをやめて、自分の内側に目を向けましょう。

そうすると、わたしがそうだったように、欲求がもくもくと出てくると思います。あなたのなかの願望に気づいて、「わたしって、こうなりたいんだ」って認めてあげるだけで、ものすごく満たされるはずです。

自分の心の奥にある本音を書き出してみるだけなので、ぜひやってみてくだ

さい。

出てきたものがどんなものだって、誰にも気兼ねする必要はありません。

思う存分、書き出してみてください。

あなたはぶっちゃけ、どう生きたい？

姫マインドの魔法

自分の価値を決められるのは自分だけ。

あなたの悲劇のヒロイン度をチェック

「わたしが不幸なのは、わかってくれないあいつのせい！」

「休みをくれない会社のせい！」

「こんな顔に生んだ親のせい！」

「わたし、可哀想！」

「わたし、世界でいちばん不幸！　ああ、可哀想なワタシ！」


心のなかでこんなふうに叫んでいる自分を発見したら、悲劇のヒロイン度が高めかもしれません。

ではここで、〝姫マインド〟を手に入れる前に、今のあなたがどれくらい悲劇のヒロイン思考になっているかをチェックしてみましょう。

悲劇のヒロイン度チェックリスト

□女友だちとの会話は9割が愚痴
□わたしが不幸なのは会社のせいだと思う
□わたしが不幸なのは幸せにしてくれない彼氏のせいだと思う
□わたしが不幸なのは親のせいだと思う
□友だちの幸せ報告を聞くと、取り残された気分になる
□お金がないのは安月給の会社のせいだと思う
□人の幸せを素直によろこべない
□自分を取り繕うために小さなウソをつきがち
□すごく不安なのに人前では笑顔を作ってしまう
□彼氏に嫌われたくなくて、つい尽くしてしまう
□あとになって「こんなに尽くしているのに」と相手に怒りが湧いてくる
□とにかく自分に自信が持てない
□「周りからどう見られているか」がいつも気になる
□ルックスには気を使うけれど、自分の部屋は散らかっている

どうだったでしょうか？

〝悲劇のヒロイン〟とは、いちばんわかりやすく説明すると、自分の不幸を「他人や何かのせいにしている状態」です。

もし5個以上当てはまるようだと、だいぶ悲劇のヒロイン度は高めです。

10個以上当てはまったら、もう完全なる悲劇のヒロイン状態です。

でも、安心してください。わたしも姫マインドを手に入れるまでは、全項目に当てはまるほどの悲劇のヒロインぶりでしたが、この思考から抜け出すのはむずかしくありません。

自分のなかにある〝姫マインド〟に気づいて、大切にしてあげるだけでいいんです。

一緒に悲劇のヒロインから脱出して、とびっきりの幸せを手に入れちゃいましょう。

いつも誰かのせいにしていたら要注意

あなたが悲劇のヒロイン思考に陥っているかどうかは、じつは一発で判断できます。

もし自分の不幸を「人のせい」にしていたら、悲劇のヒロイン思考になっている可能性が大です。

だから気づいてください。**今ある状況を選択しているのは、すべて自分自身だということに。それにさえ気づければ、自分で選択を変えていくことができるんです。**

たとえば、こんなふうに考えてみてください。

「いつも残業ばっかりの仕事のせいで毎日疲れ切ってる！」

残業することを選択しているのはわたしなのでは？　その会社を辞めないで、つづける選択をしているのもわたし。

「彼が全然かまってくれない！　わたし愛されてない！」

↓

愛情表現の乏しい彼と付き合いつづけるのを選択しているのはわたし。もっとこうしてほしいと伝えられていないのに、ほしがってばかりいるのもわたし。

「実家に帰ると、いつもお母さんに結婚はまだかって聞かれてストレスフル！」

↓

実家に帰る選択をしているのはわたし。「その話はやめて！」と強く伝えられていないのもわたし。

看護師時代、わたしは毎日毎日「今日も行きたくないなあ……」と思いながら出勤して、「早く帰りたいなあ……」と思いながら働いて、「あの人イヤだなあ……」と嫌いな同僚を心のなかで責めながら働いていました。

「こんな最悪な職場で働くわたしって不幸！」と思っていたので、〝すべて自分で決めている〟という考え方を知ったときは、がーんとショックでした。

この職場で働くと決めたのは自分だし、嫌いな人に対しても〝いい人〟を演じると決めているのも自分だった……！　そう気づいて、衝撃を受けたのです。

なんという自作自演の悲劇のヒロイン！

そこから、「じゃあ、わたしってどうやって働きたいんだっけ？」と本当の理想を掘り起こして明確にした結果、看護師を辞めてパーソナルスタイリストとして起業することを選んだのです。

起業する前は看護師をしていたと話すと、「すごいね！」と言われることがあります。

もし、わたしが自分で看護師という職を選んでなったのなら、それはすごいことだったかもしれません。でも、わたしが看護師になった理由は「お母さんに勧められたから」。

母も看護師として働いていたので、人の役に立って収入も安定している看護師になるのがいいという親心から、「あんりちゃんは大きくなったら看護師さんになるんだよ」と幼少期から言われてきました。

そのため、何の疑いもなく、物心ついた頃からわたしの将来の夢は「看護師さん」でした。そして看護師になることが夢だと言うと、人は「すごいね」と言ってくれて、何もない自分でも認められた気持ちになれたのです。

でも、実際に看護師として働いてみても、わたしの心はまったく満たされず、自分を好きになれませんでした。

ところが、「そんなことで稼げるの？」と周りからは心配されたパーソナルスタイリストとして起業してからは、何百倍も幸せを感じています。

パーソナルスタイリストになると決めたのは自分なので、言い訳はできません。責任も自分にありますからプレッシャーもあるけれど、不思議なくらい不安は消えました。心がすっと軽くなったんです。

やっぱり人に決められた未来を生きるのは苦しいもの。不幸の原因を人のせいにせずに、自分で幸せを選択していきましょう。

姫マインドの魔法

自分の未来は自分で決める。

今の自分が「できていること」を探す

「ああ、今日もダメダメだった……」

悲劇のヒロインがすぐ陥りがちなのが、この思考。

今の自分を否定するから、もっと頑張らなきゃ、もっといい人にならなきゃと力が入ってしまうのです。

悲劇のヒロインから卒業したくて、自己啓発を始めた頃。それはそれは時間とお金をかけて、たくさんのことを学びました。カウンセリング、コーチング、心理美容、スピリチュアル、ビジネスコンサルティング……。

どれも学ぶことは楽しかったのですが、じつはそのときの動機が、まさに悲劇のヒロインでした。

今のわたしじゃ全然ダメ！

もっとラクに生きたい！　愛されたい！　愛してほしい！！！

という、欠乏からの欲求だったのです。

自分にはまだ何もない、足りない、という前提からスタートしているので、学んでも学んでも満足できません。

過去を振り返ってみると、高校受験のときもそうでした。

自分のやりたいことよりも世間の目を気にしまくって生きていたわたしは、「この高校に行きたい」ではなく、「この高校に入ったらみんなに認められるだろう」という判断基準で、偏差値の高い（そして制服の可愛い）高校を選びました。

そして無事合格し、晴れて高校生に。その高校に入れば何かが変わるだろうと期待していたけれど、結局、何も変わりませんでした。

それもそのはず、自己否定の塊《かたまり》で卑屈な自分からは、まったく卒業できていなかったからです。

今のままの自分＝足りていない自分

この思考を、今すぐストップしましょう。

自分に何が「足りていないか」ではなく、何が「あるか」に注目するんです。

足りないものを一生懸命プラスしていこうとする必要はありません。

今のあなたのままで思う存分幸せになれてしまうのが、姫マインドのすごいところ。**何かを付け足そうという思考は、もう軽やかに手放してしまいましょう！**

姫マインドの魔法

今の自分にどんな魅力があるか、気づいて認める。

「ある」と考えるのはちっちゃなことでOK!

「自分を好きになりたい」「大切にしたい」と考えたことは、きっとみなさんにもありますよね。

でも、そのときに陥りがちなのが、〝何か大きなことを成し遂げないといけない〟と思い込んでしまうこと。

そうすると、「ああ……また、できなかった」という負のループにはまってしまうのです。

たとえば、

「自分を大切にする時間を作ろう! よし、明日は早起きして、ゆっくりスムージーでも作って、近所にお散歩に行こう」

と決心してみたものの、みごとに大寝坊。気づいたらお昼だった。なんてことはないですか? (わたしは何度もありました)

するとまた、「ああ、自分で決めたこともできなかった。なんてダメなわたし……」と悲劇のヒロイン思考に逆戻りしてしまうのです。

でも、じつはこれ、あなたのせいじゃありません。

人は誰でも、新しいことを始めるためにはたくさんのエネルギーが必要です。

つまり、ハードルがとても高いということ。

だから、ふだんお休みの日はお昼まで寝るのが当たり前だったのに、急にその習慣を変えようとすると、ものすごく大変なのです。

え？　それって甘すぎない？　という疑問の声が聞こえてきそうですが、これが正しい理解なんです。

姫マインドは、いかに自分に甘く、やさしくできるかがポイント。

見栄っ張りはやめて、遠慮せずに、どんどんハードルを下げた目標にして、自分に甘くやさしくしてください。

今まで一度も自分を甘やかしたことがないくらい頑張ってきた方も多いと思うので、はじめは抵抗があるかもしれません。

でも、自分を大切にするためには、これがいちばん効きます。

自分自身を満たす練習だと思って、自分にとことん、やさしくしてみてください。

そして、**自分を好きになるためには、今「ある」ものに気づくことも大切。**
やり方はとっても簡単です。今の自分の生活のなかから見つけていきます。
さあ、やってみましょう。

今日も遅刻せずに仕事に行けた
帰りに予定どおり買いたいものを買いに行けた
ランチで食べたパスタがすごくおいしかった
コンビニの店員さんの笑顔が素敵だった
大好きな友だちからご飯に誘ってもらった

どうですか？　こんな感じで自分のやったことや、起こった出来事を挙げていくと、小さな「ある」が意外とたくさん見つかると思います。
わざわざ自分でハードルの高い目標を設定して、「またできなかった！　うぇーん！」という自作自演の悲劇のヒロインになるのは、今この瞬間から手放してしまいましょう。

今のあなたの暮らしのなかにある、たくさんの「ある」を見つけると、一気に心が安らぐはずです。

姫マインドの魔法

暮らしのなかの「ある」を見つける。

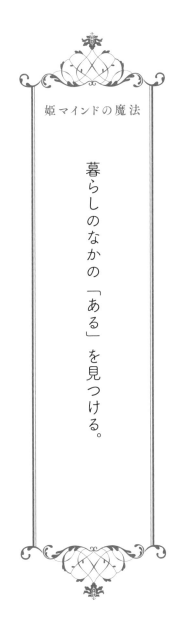

いつまでも幸せになれない人の口癖

ズバリ、「すみません」と「ごめんなさい」が口癖の人です。

サロンに来てくださっている女性で、「今のままだと絶対に幸せになれないだろうな」と思う方がいました。

彼女はネガティブな自分を卒業したいという想いから自己啓発に励み、何百万円もかけてセミナーに通っているのですが、2年経った今でも「自分に自信がない」と言いつづけていて、客観的に見ても、とても不幸そうでした。

それもそのはず。彼女の口癖が「すみません」と「ごめんなさい」だったのです。2時間も一緒にいると、30回はこの言葉を聞くほど。

ドアを開けてあげれば「ごめんね」

水をついであげれば「ごめんね」

挙げ句の果てに、わたしが少し席を移動しただけで「ごめんね、大丈夫？」これだけ「ごめんね」と言いつづけていれば、そりゃあ幸せになる日は程遠いなと思ってしまいました。

なぜなら悲劇のヒロインは、この言葉を想いやりや相手への気遣いで言っているのではないから。**「ごめんね」と言うことで、「可哀想なわたしを責めないでね」と自分を守っているのです。**そして「可哀想なわたし」という自己肯定感の低い状態が前提なので、「ごめんね」と言うたびに自分を傷付けています。

わたし自身も、自己肯定感が皆無だった看護師時代は、毎日何回も「すみません」を言う日々でした。年配の同僚ばかりだったこともあり、「ありがとう」ではなく「すみません」と言うことが美徳なのだと教わったこともひとつの要因だったかもしれません。

でも「このままでは自分を責めつづけてしまう！」と気づいてからは、**「すみません」と言いそうになったら「ありがとうございます」と言い換えるようにしました。**

すると、これが効果バツグン！　「すみません」というマイナスエネルギーではなく、「ありがとう」というプラスエネルギーの言葉をたくさん使うことで、明るい気分で過ごすことができるようになったのです。

言い換え始めてみると気づくと思うのですが、「ありがとう」を言うタイミングって、本当にたくさんあります。

そして「ありがとう」を言うたびに、「わたしって大切にされているな」という感覚も身につけることができます。

「ありがとう」は、自分にも人にも愛が伝わる魔法の言葉なんですね。

姫マインドの魔法

「すみません」を「ありがとう」に言い換える。

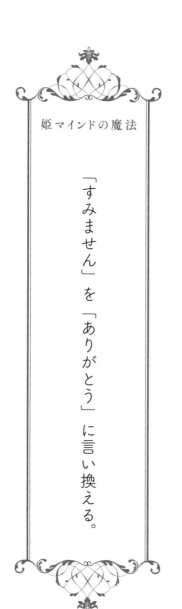

「夢はどうせ叶うもの」と考える

過去のわたしにとって、夢に対する思い込みはこんな感じでした。

「夢を叶えるのは大変」

「夢を叶えるには時間も労力もかかる」

子どもの頃、夢って「大きくなったら何になりたい？」という感じで聞かれましたよね。その延長のまま、「夢＝大きくなったらなるもの」みたいに、〝いつかなるもの〟であって、〝今の自分には、とうてい届かないもの〟だと思い込んでいたのです。


でも、大人になってから思い描く夢って、意外ともっと小さいと思いませんか？

わたしがパッと思いつくのは、こんな夢です。

・好きなときに温泉旅行に行きたい
・おしゃれなレストランで食事をしてみたい
・憧《あこが》れのホテルに泊まってみたい
・有給を何日も取ってみたい
・素敵な人と付き合いたい
・たっぷり寝たい
・お金を気にせずお洋服を買いたい

あらためて考えてみると、**夢ってそんなに大袈裟である必要はないんですよね。だから、小さな夢をたくさん考えてみてください。**

・朝はゆっくり起きたい
・流行りのあのお店に行ってみたい
・美味しいコーヒーが飲みたい
・ヒールを履いて出かけてみたい

こんな〝願望〟レベルのことでいいんです！　これも立派なわたしの夢。

これなら今日にでも、今週末にでも叶えることができそうじゃないですか？

自分のなかの小さな願望を叶えていくことで、「あ、わたしの望みって叶っていくんだ」という感覚を、心とからだに教えてあげるのです。


先日、とある女の子がこんなことを話してくれました。

「あんりさんと話していて、気づいたことがあるんです。夢はいつか叶えるものじゃなく、今この瞬間から叶えていいんだって！」

彼女は大手企業勤務でステータスはありましたが、ブラックな職場で無理をしすぎたため過労で倒れました。彼女の本当の理想の仕事は「発展途上国の子どもたちを助けること」という、お金になるかはわからないもの。

この大きすぎる夢を行動に移すことは怖かったため時間がかかりましたが、「夢は今この瞬間から叶えていい」と気づいてからは、日々の小さな願望を叶えてあげるクセをつけるようにしていきました。日々の小さな願望というのは、本当に簡単なことで、行ってみたかったカフェに入ったり、着たかった服にチャレンジしてみたり、趣味を始めてみたりしたのです。

するとどんどん心が満たされて自分に自信がつき、ついに退職を決意。今は理想どおりの職場で働いています。

彼女も、当初は幸せは苦労や努力の末にあると思い込んでいました。でも、この事実に気づいてから、とっても軽やかに夢を叶えていっています。

さあ、あなたも今日から「夢」をもっともっと身近なものにしましょう。すぐに叶えられるものからサクッと叶えて、ご機嫌な時間を増やしていくのです。

姫マインドの魔法

夢のハードルはどんどん下げて、
小さな夢をたくさん叶える。

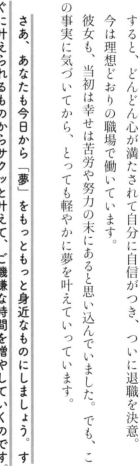

「いちばん大切なのは自分」という考えは悪くない

わたしたちは幼い頃から、「人の気持ちを考えなさい！」と大人たちから繰り返し言われてきました。そのため、「自分よりも相手の気持ちを尊重することが正義」のような価値観を持っていました。

人のことを優先できる人が偉いという、この植え付けられた価値観のせいで、「自分の気持ちを尊重する」ことに罪悪感を抱く人がとっても多いのです。

わたし自身も、こじらせ女子だった悲劇のヒロイン時代は、嫌われるのが怖くて〝いい人〟ぶって生きていたので、自分の気持ちを大切にするなんて発想自体がタブーでした。

「そんなことしたら嫌われる！　ありえない！」

そう思っていました。

相手の気持ちを考えて、相手のために行動することが正義。それをできない自分はクズ！　と本気で思い込んでいたからです。
でも、よく考えてみてください。

嫌われたくない一心でいい人ぶって、「みんなのために」「彼のために」と頑張っているあなたは、今、幸せですか？

「相手のために」と思ってやっていることだけれど、その相手は本当にそれを望んでいますか？

残念だけれど、意外と見当違いだったりするんですよね。

たとえば、「相手のために」勝手に仕事を引き受けて、勝手に頑張って、勝手に疲れて、挙げ句の果てに期限に間に合わない。「早く言ってくれたら手伝ったのに！」と、結局相手にも迷惑をかけてしまいますよね。

または、「彼のために」頑張って作った手料理。栄養や彩りを考えて、いざ出してみると、「野菜ニガテなんだよね……」とまったく喜んでもらえないなんてこともあるでしょう。「あなたのからだのことを考えて作ったのに！」と憤慨したくなりますが、彼はそんなことを望んでいなかったのです。好きな料理を彼女と楽しく食べたかっただけのはず。これも結局、相手に迷惑をかけています。

そして、こうした悲劇のヒロイン思考の女子は、もれなく疲れ果てています。**なぜかというと、行動の動機はいつでも「相手に嫌われたくない」だから。**主語が自分ではなく、人生の主役を生きられていないので、外からの評価が得られないと満たされることがありません。

だから内心では、「こんなにしてあげてるのに！　キー！」と、いつも爆発寸前。これが悲劇のヒロインの心の内なのです。

勝手に頑張って、勝手に疲れて、挙げ句の果てに愚痴ったり八つ当たりしたり爆発したりするくらいなら、最初から自分だけを幸せにすることを考えたほうがいいのです。

自分を大切にして、あなたがご機嫌でいたほうが、じつはよっぽど相手のためなんですね。

姫マインドの魔法

人よりも、自分にいちばんやさしくする。

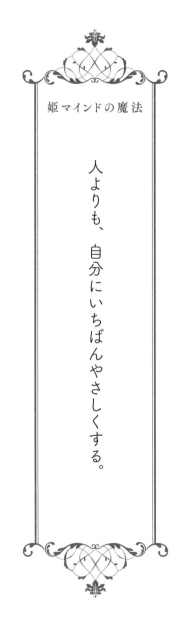

なんでそんなに自分に自信がないのか知ってる？

「自分に自信がない」という女性は多いですが、その本当の原因を知っている人は、もしかしたらほんのひと握りかもしれません。

わたしは物心ついた頃から、2歳年上の兄にいじめられていました。その当時の暴言の数々は「ブス」「キモい」「お前なんか生まれてこなければよかったんだ」「いなくなれ」といったものでした。

この暴言をほぼ毎日、日常的に聞きつづけていたので、わたしの脳内に刷り込まれるのには充分でした。

気づいたら、「わたしなんて、ブスで、キモくて、価値のない人間なんだ」と本気で思い込んでいました。両親にも気づいてもらえず、「わたしが全部悪いんだ。わたしがダメなんだ。わたしなんてひとりぼっち」という思い込みも、ついでに持ってしまっていました。

もちろん当時の兄に、わたしへの特別な悪意があったわけではありません。でも、わたしが自分に自信が持てなかったのは、小さな頃に毎日、兄によって刷り込まれたネガティブな言葉たちが原因だったのです。


姫マインドの極意は〝自分の価値は自分で決める〟ということ。


だから、わたしが本当にブスで、キモくて、価値がないのかどうかを、まずは自分で確かめてみることにしたのです。

それって、本当に本当なの？

そうやって自分に聞いてみると、わたしのことをブスでキモくて価値がないと言う人は、幼い頃の兄以外には誰ひとりとしていなかったことに気づきました。

むしろ、友人には恵まれていたので、「かわいい」とか「おしゃれ」とか、肯定的な言葉をかけてくれる人が多いことに気がついたのです。

事実に「気づく」だけで、こんなにも気持ちが違う。自分でも驚くほど、セルフイメージが変わりました。

誰の言葉を信じるかも、じつは自分自身の選択なんですね。もちろん、小さい頃からの刷り込みは、自分ではなかなか気づけないかもしれないし、自覚するのに時間がかかるかもしれません。

でも、考えてもみてください。自分を肯定してくれる言葉を信じたほうが、ずっと健康的で幸せですよね？

あなたに対するネガティブな言葉を真に受けて、自分を直そうとする必要はありません。今のままのあなたを評価してくれる人の言葉を信じてください。

姫マインドの魔法

あなたを悪く言うのは、誰だった？
ネガティブな評価は、受け流していい。

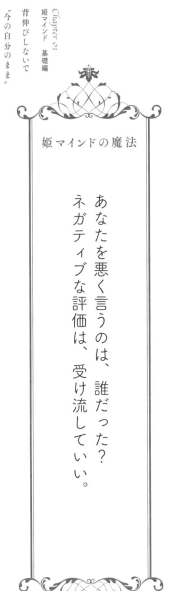

まず最初に、自分のご機嫌をとる

相手の顔色をうかがって生きる毎日に疲れていませんか？

悲劇のヒロインから抜け出すために、まず大切にしたいのが、自分のご機嫌をとること。


相手のご機嫌をとる前に、絶対に自分のご機嫌をとらなきゃダメなんです。

だって、自分の機嫌がよくないと人にやさしくできないし、できたとしてもすごく疲れませんか？


先日、こんなことがありました。

地下鉄のホームで電車を待っていると、ドアが開いた瞬間に後ろにいた女性がわたしを押しのけて先に乗って、席を取ったんです。わたしのご機嫌がいいときに同じことがあったら、「あの人、よっぽど座りたかったんだなあ」と思うでしょう。

でも、その日のわたしのコンディションは最悪。とってもイライラしていたのです。だから、こう思いました。

「キー！　なんて失礼な人！　ムカつく！」

つまり、起こった出来事自体にもともと意味があるのではなく、自分のご機嫌しだいで、その意味づけがこんなにも変わる、ということです。

その事実を、あからさまに体感できた出来事でした。


だから、とるべきなのは、何よりもまず、自分のご機嫌。

あなたがご機嫌でニコニコしていることが、周囲のためになるのです。

わたしは、夫にイライラしそうになったときには、すぐにその場を離れて自分の機嫌が直るように全力で自分を甘やかす、ということをしています。

相手に機嫌をとってもらおうと求めてしまうと、ややこしくなります。

自分で自分を甘やかしてコントロールすることで、平和なパートナーシップも保たれるのです。

姫マインドの魔法

自分のご機嫌は、自分でコントロールする。

「自分には〝姫マインド〟なんてない」と思ったら

〝姫マインド〟という響きを聞いて、こう思った方もいるかもしれません。

「わたしには姫なんて似合わない……」

あるいは

「姫ってキャラじゃないよ、わたしは」

でもでも、わたしがこの本でお話ししている〝姫マインド〟は、あなたがお姫さまに似合うかどうかや、お姫さまっぽいキャラであるかどうかとは、まったく関係がないんです。

姫マインドは、あなたが自分の人生を自分らしく主役で生きるためのメソッドであり、思考法です。

ただ、そのカギになるのは、わたしたち女性みんなが心の内に持っている〝姫マインド〟に気づくことから始まります。

なぜかって？

人はみんな、子どもの頃は絶対に姫マインドだからです。

自分がいちばん大切で、自分のことを聞いてほしくて、甘やかしてほしかった自分がいたはず。心理学用語でいう「インナーチャイルド」と呼ばれるものとも、とても近い気がします。

いつも「誰かに愛されたい」と渇望している、心のなかの子どもです。**このピュアな欲求が、じつは〝姫マインド〟なんですね。**

だから、今はどんなに素敵なキャリアを持って責任あるポジションで活躍している女性にも、いつもやさしくて気の利くママである女性にも、姫マインドは必ずあるんです。

そして、幸せをいっぱい感じられている人ほど、じつは自分の内なる〝姫マインド〟をしっかり満たして大切にできているのです。

姫マインドの魔法

どんな女子も、生まれながらに姫マインドを持っている。

ネガティブな気持ちをクレンジングする

自分を好きになろうと努力し始めるときって、「わくわくする未来を書き出そう」とか「理想の生活を書き出そう」というメソッドに陥りがち。

でも、今までさんざん悲劇のヒロインで生きてきて、自分の本音を抑えてきた人にとって、いきなりポジティブな感情ばかり出すのはハードルが高すぎる！

それはまるで、ファンデーションが崩れまくった肌にまた分厚いファンデーションを重ねて、取り繕っているようなものです。

そこでおすすめしたいのは、まずはファンデーションを綺麗に落として、素肌を整えること。

自分のネガティブな感情をクレンジングするのです。

びっくりするかもしれませんが、**いちばんおすすめの方法は「親へ言いたい**

不満、許せないところ」を書き出すこと。

一般的に自己啓発では〝両親に感謝しましょう〟〝ありがとうと伝えましょう〟と言われることが多いですが、**じつは悲劇のヒロインがこれをやると逆効果。**悲劇のヒロイン思考の人は、気づかないうちに親や兄弟姉妹への不満をたっぷり溜め込んでいるのです。

本当の本当は、感謝なんかしていないのに、無理にポジティブな感情を出そうとすると、またあなたのなかの悲劇のヒロインが大暴走してしまいます。

わたしがサロンでこの方法をお伝えすると、「でも、そんなに仲が悪いわけじゃないし……」とか、「どちらかというと、家族仲はいい方です」という方もいます。

でも、実際にやってもらうと「書く手が止まらないくらい不満が出てきてびっくりしました……」「何だか途中から涙が止まりませんでした……」という報告をいただくことが本当に多いのです。

この方法が効果的なのは、家族への不満を書き出してみることで、「わたしも不満を持っていていいんだ！　家族だからって感謝しなくてもいいんだ！」と、

自分に許可を出せるようになるから。

そう。「家族に感謝しなさい」なんて、誰が決めたことでしょう？　**あなた自身が感謝できないのなら、それはそれでいいのです。**

あなたがたっぷり溜め込んでしまった不満を遠慮なく出し切ることで、あなたのなかのお姫さまが癒やされていきます。

大丈夫。**あなた自身の本音をたくさん出して自分自身を癒やしていけば、家族にも自然に感謝できる日が必ず来ます。**

まずは外側の環境じゃなく、あなた自身を安心させてあげましょうね。

姫マインドの魔法

家族への不満を書き出して、心をデトックスする。

ネガティブな感情も否定しなくていい

「幸せになりたい」と思って自分と向き合うことを始めて、自分を好きになる方法やポジティブになる方法を学んでいた頃、じつは逆効果なことが起こりました。

ポジティブになる方法ばかりを学んでいたために、「ネガティブになるわたしはダメだ」「自分を否定してしまうわたしはダメだ」と、さらに自分を嫌いになっていたのです。

これでは本末転倒。そう気づいて考え方を変えることにしました。

ネガティブな感情も、大切な自分の一部だと受け入れることにしたのです。

だから姫マインドは、あなたのネガティブな感情も否定しません。

「ああ、今イヤだなって思ったな」とか、「めっちゃムカついた！」とか、「また自分のこと責めちゃってたな」とか――**〝今、こう感じている〟ということ**

を、まずは知って自覚してみてください。

その感情に対して良い悪いをつけずに、まずは受けとめることから始めるのです。

ネガティブな感情が出てきたから〝ダメ〟、ポジティブな感情が出てきたから〝良い〟というジャッジをつけないようにするのがポイント。「ああ、そう感じたのね」とフラットで穏やかな気持ちで、自分の感情に気づいてあげるだけでいいのです。

そもそも、ポジティブに生きた方がいいなんて、誰が決めたのでしょう？　ポジティブなわたしも、ネガティブなわたしも、全部丸ごと感じてあげてください。

それができると、心が一気に癒やされていくのを感じられると思います。

自分を好きになるために、無理にネガティブな感情を押し殺す必要はありません。

どんなときに、どんな感情が湧いてくるのか。

自分の感情の出方を知って、認めてあげることで、自分自身のことがよくわかるようになります。

姫マインドの魔法

どんな感情を抱いても、
自分は自分のいちばんの味方。

電車に乗っているときに、「ああ、今日はこんな嫌なことがあったな」というネガティブな考えで頭がいっぱいになったことがありました。

イライラして、なんだか悲しくて、ひとりぼっちな気分だったのです。

そんなときは、まずは自分で「そう感じてるんだね」と共感してあげてください。「大変だったね」と慰めの言葉をかけてみたら、涙が出そうなくらい心が癒やされました。

わたしにとってのいちばんの味方は、いつだってわたし。どんな感情を抱く自分も、丸ごと大切なんです。

Chapter 02

姫マインド
恋愛編

幸せになる
覚悟をする

自分を好きになれる恋をする

「いい恋愛ができるかな……」

「この人といて幸せになれるかな……」

そう考えている人が共通して〝できていないこと〟があります。

それは、〝幸せになる覚悟をすること〟なんです。


悲劇のヒロイン時代、わたしは恋愛に対していつもこう思っていました。

「わたしを幸せにしてくれる人、誰かいないかなあ」

女子会でもよく聞くワードなんじゃないかと思います。

でも、これではどう頑張っても幸せになることはできません。なぜなら、つねに主語が「わたしではない誰か」になっているから。

自分の幸せなのに、自分でコントロールできないということです。

その誰かが現れなかったら、ずっと不幸だってこと。

そんなの、つらすぎますよね!?


姫マインドの基本を思い出してください。

「自分の人生の主役を生きること」でしたよね。それは言い換えると、「人生を自分でコントロールすること」でもあります。

自分でコントロールできない他者の行動を待つよりも、「わたしはこんな恋愛をして幸せになる」と自分で決めるのです。

そしてこれこそが、泣いてばかりの恋愛から抜け出すコツ！

恋愛という、相手ありきのことであっても、**姫マインド思考では、つねにわたしが主役です。**

〝彼にいかに愛されるか〟という外側からの評価ではなく、「彼といるときの自分が好きかどうか」で、幸せを判断します。

わたしもずっと、「いかに彼に愛してもらえるか」を自分の幸福度の判断基準にしていました。

でも、その判断基準がそもそも、間違っていたのです！　それは言ってみれば、出口のない迷路に入ったようなもの。

だから今から、その判断基準を変えてください。

今の恋愛が幸せになれるものかどうかの判断基準は、〝彼と一緒にいるときの自分が好きかどうか〟。

彼といるときのわたしは、すごく幸せで、自分らしくいられて、可愛くいられる。それが、幸せになれるいい恋愛なんです。

今、あなたが恋愛に悩んでいて、なんだか満たされない気持ちになっているのなら、どんな自分でいるのが幸せなのかを考えてみましょう。

そして、今の彼はそれを満たしてくれる存在なのかを見極めることが大切。

もし、彼と一緒にいるときの自分がちっとも可愛くなくて、自分を好きでなくなってしまうなら、その彼を手放してみてもよいかもしれません。

世界でいちばん大切な自分を好きでいられなくなるような恋は、あなたには必要ないからです！

姫マインドの魔法

いい恋愛は「自分を好きになれる」もの。

世界でいちばん大事なのは自分の気持ち

悲劇のヒロイン時代のわたしは、相手に合わせて〝いい彼女〟を演じること
が、いい恋愛の条件だと思っていました。

彼が提案してくれたデートは断らない。
少しくらい苦しくても、頑張って合わせる。
彼好みの服装に変える。

こうしたことが大前提でした。
そうやって「彼のために」と努力していたわたしは、表面的には「尽くすタ
イプのいい彼女」でしたが、深層心理では、こう叫んでいました。

「これだけ合わせてあげてるんだから、もっと愛してよーー!!」

ひー、こわい。完全に悲劇のヒロインです。

相手に勝手に合わせて、勝手に愛されると期待して、期待通りの反応がないと、「また愛されてない！」と騒いで相手を疲れさせて別れる——という恋愛を何度も何度も繰り返しました。

そのたびに〝わたしって不幸！　誰からも愛されない！〟と本気で思っていたのです。

悲劇のヒロイン思考の恋愛は、いつも主語が「彼が」になってしまっています。もし、**あなたが恋愛について考えるとき、主語が「彼」になっているなら要注意。**

姫マインド流の恋愛は、いつだって「わたしはどうしたいか」から始まるのです。

姫マインドの魔法

恋愛するときの主語は、いつだって「わたし」。

〝彼に捨てられないようにしなきゃ〟と決別する

「どうせ、わたしなんて……」

そう思っている悲劇のヒロインに、王子様が現れることはありません。

悲劇のヒロイン時代、お金持ちの男性と付き合ったことがありました。その彼は9歳年上で、仕事もデキるしモテるしで、いわゆる「ハイスペック男子」でした。

そんな彼と付き合うことになった悲劇のヒロイン思考真っ只中のわたしは、「いい彼をゲットした♪」なんて無邪気に思えるわけもなく、大パニック。「つり合うわたしでいなきゃ！」と、悲劇の努力祭りとも言える恋愛関係がスタートしたのです。

わがままを言わず彼の言うことを素直に聞いて、3時間遅刻されてもニコニコして待っていたり、無理して高い靴を買ってみたり、「足がキレイな人がいい」と言われれば、死ぬ気でマッサージしてみたり……。

とにかく、自分に自信のなかったわたしにとっては、〝彼に捨てられないこと〟が優先順位の第1位でした。そのため、お付き合いしているあいだはまったく気が抜けず、頑張りすぎていつも疲れ切っていました。

そんなわたしの弱気な態度は、彼を調子に乗らせてしまいました。

彼は少しでも気に食わないことがあると、「じゃあ別れる?」と言ってくるようになったのです。

するとわたしは「イヤ! 別れたくない!」と泣きつき、なんとか付き合いがつづく――という、完全なる彼主導の力関係ができていました。

今振り返ると、当時こうした関係性になってしまったのは、彼が悪い人だったからではなく、〝捨てられたくない〟というわたしの強迫観念に原因があったのだと思います。

しかも、彼をすごい人だと思い込んでいた当時の判断基準も、「彼のことが大好きだから」というカワイイ理由ではなく、「大手企業に勤めているから、容姿がいいから、仕事ができるから」という外側からの判断基準でジャッジしていたのでした。

現在の夫は自分で起業した経営者で、当時の彼よりもずっと稼いでいますが、**姫マインドを獲得したわたしが、〝彼に捨てられないようにしなきゃ〟という思考に走ることはありません。**

それは、今のわたしは彼の社会的立場に魅力を感じているわけではなく、「わたし基準で」彼の人柄に心から魅力を感じているからです。

悲劇のヒロイン時代とは違って、今のわたしは「自分に魅力がある」という自信があります。そして、愛も素直に受け取れるようになって、彼から愛されているという確信もあるので、ひとりで勝手に頑張ることも、もうありません。たくさん稼いできてくれても恐縮することなく「今月もたくさん稼いでくれてありがとう！」と、無邪気に感謝しています。

姫マインドの魔法

今の彼を選んでいるのは自分。
つり合うかどうかを決めるのも、自分自身。

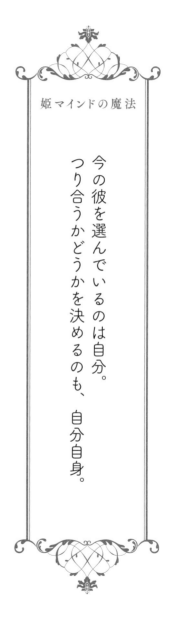

パートナーシップの課題は、すべてセルフイメージが決めている

58ページでもお話ししたように、あなたを取り巻く世界で起こっている出来事は、あなたのご機嫌しだいで、見え方も受け取り方も変わってきます。

それはもちろん、彼との関係もそう。

相手のご機嫌ばかりをうかがっていると、自分だけが頑張って、相手に振り回されているような心地になってしまいます。

「この人、わたしのこと、本当に好きなの?」といつも疑ってしまうので、心がつねに不安でいっぱいなのです。

でも、自分自身にも自信が持てて、彼に愛されていると信じることができていれば、関係を変に疑ったりすることもなくなります。

ここでもやっぱり、「どう受けとめるか」を決めているのは自分だということに気づく必要があるわけなんですね。

実際に彼が大切にしてくれていないわけじゃなく、わたしが「愛されていない前提」で接していたので、彼の愛情をうまく受け取れず、愛されていないと感じる現実を自分で作っていただけだったのです。

だから大事なのは、まず「どうしたら、自分は愛されていると感じられるのか」をしっかり明確にすること。

わたしの場合は、愛を感じるためには、たとえばこんなことが必要です。

・「好き」としっかり伝えてくれること
・目を合わせてくれること
・手を繋いでくれること
・スキンシップを積極的にしてくれること
・一緒にいる時間を楽しんでくれること

この行為を示してくれたら、わたしは「愛されている」と感じることができるのだと気づいたんです。

今の夫には、結婚する前からこのことは伝えているので、彼も意識して実践してくれています。その結果、わたしは夫から愛されていると心から感じることができて、とても幸せです。

あなたにも、「こうしてくれると愛されていると感じる」という項目が絶対にあるはずです。それをぜひ言葉にして明確にして、彼にも伝えてください。

「あなた自身」がほしい感覚を受け取りつづけることで、どんどん自信がついていきますよ。

姫マインドの魔法

「愛される」現実は、自分で作れる。

うまくいく恋愛には、取扱説明書がある

姫マインドは、相手ありきの恋愛でも、自分の意思でコントロールすることが鉄則です。

そのために、わたしは夫に、自分の取扱説明書をいつも伝えています。

・たくさん「好き」って言ってね
・たくさんスキンシップしてね
・歩くときは手を繋いでね
・目を見てお話ししようね
・明るい未来を描く話をいっぱいしようね
・わたしが機嫌悪そうにしていたら、笑顔で頭を撫《な》でてね
・わたしが頑張りすぎていたら、「頑張らなくていいんだよ」って言ってね

などなど、できるかぎり具体的に「こうしてほしい」を全部伝えるのです。

悲劇のヒロイン時代によくやっていたのは、「自分が頑張って我慢して、相手が察してくれるまで待つ」ことでした。

でも、これだと恋愛は絶対と言っていいほど、うまくいきません。相手に何も伝えずにただ察してもらうなんて、どんなに優れた人にも不可能だからです。

考えてみれば当たり前ですが、恋愛のこととなるとなぜか、とことん尽くして、察してもらうまで待ってしまう女子が多いのです。もちろん、悲劇のヒロイン時代のわたしは、もれなくそんな女子のひとりでした。

この自分の取扱説明書を日々のコミュニケーションのなかで伝えつづけることで、相手はあなたがどうしたら喜ぶのか、どうしたら嫌がるのかをすべて把握できます。

だからコミュニケーションがぎくしゃくすることもなく、いつもスムーズにことが運ぶのです。相手にとっても、あなたが素直に喜んでくれるのがわかるので、手応えがあってうれしいはず。

ちなみに、わたしの取扱説明書をつねに伝えられて熟知している夫は、「きみを喜ばせるのは簡単だな〜」と、ご機嫌に喜んでくれています。

自分の希望を伝えていないのに「彼が全然愛してくれない！」と嘆くのは完全に悲劇のヒロイン。彼はエスパーじゃないので、思いどおりのことをしてくれるのをただ待っていても、叶うはずはないのです。

ただ、もしあなたがちゃんと伝えつづけたのに、まったく実践してくれない相手なら、それは理想の彼ではないということ。思いきって手放して、一歩前に踏み出したほうがよい時期かもしれません。

姫マインドの魔法

「こうしてほしい」は具体的に何回も伝える。

モテ服を着ないと結婚できないって本当？

街中でよーく周りを見てみてください。

彼と手を繋いで幸せそうに歩いている女性はみんな〝モテ服〟を着ていますか？

婚活パーティーに何回も参加したのに一度もカップルになったことがないという30歳代の女性が、わたしのサロンにいらっしゃいました。

「いろいろ調べて、婚活に有利な服で行っているのに、ぜんぜん結果が出ないんです」と困り果てていました。

でも、お会いしたその瞬間、ひと目でその理由がわかりました。

彼女はいわゆる〝モテ服〟のひらひらフリフリを着ていらっしゃったのですが、まったくと言っていいほど似合っていなかったのです。

お客さまには、骨格診断とパーソナルカラー診断という、骨格やお肌の色によって似合うお洋服のテイストや髪型がわかる診断をしているのですが、彼女を診断してみると、やはりフリフリ系ではなく、シンプルですっきりとしたシルエットのお洋服が似合うタイプの方でした。

それをお伝えすると「やっぱり！　婚活を始める前はこういうのを着ていて、じつはこっちの方が好きなんです……。でも結婚したいから、モテ服を着ないといけないと思ってしまって……」と。

その後、ご本人も「自分らしくて好き！」と言ってくださったわたしの提案したシンプルなワンピースで婚活パーティーに参加したところ、すぐに素敵な方と出会えたというご報告をいただきました。

ひらひらフリフリが彼女に似合っていなかったということもありますが、ご自分が納得して「これがわたしのスタイル！」と思って自信を持てたことも、彼女をより魅力的に見せたのだと思います。

認められたい！　という思考はさらっと手放して、
「わたしが着たいから、この服を着ている」

姫マインドの魔法

モテ服よりも好きな服を着て自信を持つ。


「そのわたしを愛してくれる人と付き合おう♡」

というくらい、堂々とファッションを楽しめばいいのです！

あなたの魅力は、あなたが決める。ほかの誰かが決めるんじゃないのです。

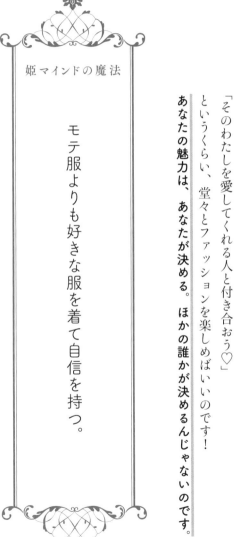

大切なのは〝1ミリも尽くさない勇気〟

「1ミリも尽くさないなんて、ダメな彼女な気がする……」

そう思ったあなたは、まだまだ悲劇のヒロイン思考かも!?

ただし、「尽くしちゃダメ！」と言っているわけではありません。見返りを求めずに尽くすことができれば、いいんです。

でも……見返りを求めずに尽くすって、かなりハードル高くないですか？

正直言って、悲劇のヒロイン時代のわたしには完全に無理な話でした（笑）。

そして見返りを求めてしまったら最後、「お礼がない！」「喜んでくれない！」「わたし、愛されてない!!」という思考に直行。悲劇のヒロインまっしぐらです。

とは言え、わたし自身も「もう、1ミリも尽くさない」と決めたときは胸がざわざわしました。

「相手にとって役に立たないパートナーになってしまうんじゃないか？」

「役に立たない自分なんて、いない方がいいんじゃないか？」

という不安でいっぱいになりました。

でも、何度自分に聞いてみても、わたしは相手のために尽くそうとすると見返りを必ず求めてしまう。見返りがないと、一気に不機嫌になってしまう。**だったら、勇気を出して「尽くすのをやめよう」という選択をしたのです。**

食事をしているときも、「彼のために」取り分けてあげるのをやめる。

疲れているときは、「彼のために」笑顔でいるのをやめる。

こんなふうに、〝わたしが自ら「やりたい」と思ったときにしか、しない〟を徹底しました。

そうすると不思議。彼といても自然体でリラックスして過ごせるので、不機嫌になることがなくなったんです。

そしてむしろ、彼のために何もしてあげられていないのに、こう言われるようになりました。

「僕と一緒にいるとき、いつも楽しそうにしてくれてありがとう。すごく自信がつくよ」

そう！　女性が幸せそうにしている姿は、男性にとっても「僕がこの人を幸せにしてあげられている」という自信になるのです。〃相手のために〃と頑張って尽くしていた頃より、何倍も相手の役に立っていたのです。

尽くさないでご機嫌でいると、褒められてしまうんです。

今まで勝手に尽くして勝手に疲れていた自分って……何だったのでしょう！

どんまい！

姫マインドの魔法

見返りを求めてしまうなら、尽くすのをやめる。

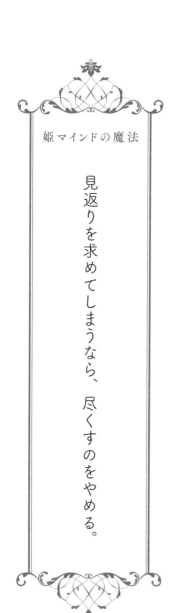

「やさしい人と付き合いたい」は、たいてい叶わない

あなたの好きなタイプはどんな人ですか？

そう聞かれて答えがちなのが「やさしい人」だと思います。

でも、そう答える人に、「あなたにとってのやさしい人って、どんな人ですか？」と質問すると、答えられないことが多いのです。


大切なのは、「わたしにとってやさしい人」を明確にすること。

デートのときに鞄を持ってくれる人をやさしいと感じる人もいれば、鞄を持たれるなんて「絶対イヤ！」と思う人もいます。

毎日「好き」と言ってほしいと言う人もいれば、毎日「好き」と言ってくる人なんて重くて無理と言う人もいるでしょう。

そう、意外と「やさしい人」の定義って、人それぞれ違うのです。

姫マインドの魔法

「わたしだけの理想」を明確に思い描く。

明確じゃない夢は、叶いません。

あなたの夢は具体的に思い描けるほど、どんどん叶います。

だから、あなたが望む理想の彼のイメージも、できるだけ具体的に書き出してみるのがおすすめです。

この機会に、「わたしにとっての最高にやさしい彼」がどんな人かを、しっかりイメージできるようにしておきましょう。

具体的になればなるほど、あなたが理想の相手に出逢える可能性は高くなりますよ。

「あなたのために♡」それ本当？

悲劇のヒロインの恋愛がうまくいかない原因って、何だと思いますか？

それは「あなたのために♡」と、頼まれてもいない頑張りを見せることです。

92ページでお話しした「尽くしてしまう」にも通じますが、〝彼のために〟と思ってやったことって、彼が喜んでくれたり、ポジティブな反応をしてくれた場合はいいですが、期待した反応を見せてくれなかったときには、必ずと言っていいほど不満が出ますよね。

悲劇のヒロイン時代のわたしは、そんなことばかりやっていました。

彼のために頑張っておしゃれして行ったのに、褒めてくれなかったら拗ねて不機嫌になる。

彼のために頑張ってレシピを調べてお料理したのに、たいして喜んでもらえなかったら悲しくなって勝手に傷つく。

彼からしたら、「頼んでないのに勝手にやって、感謝しなかったらキレるって意味不明！」です。

ああ、可哀想なわたし……じゃなく、可哀想なのは、じつは彼の方だったんです。

だから、彼のために頑張るのは、思いきってやめてしまいましょう。

頑張るなら「自分のため」。

それが姫マインドです。

姫マインドの魔法

彼のためには頑張らない。

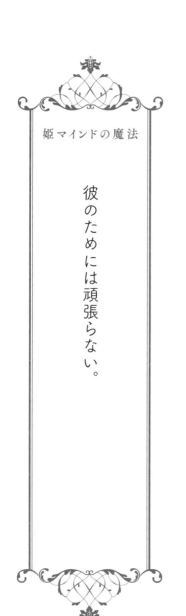

嫉妬の感情にも、フタをしなくていい

悲劇のヒロイン時代のわたしは、鬼電の常習犯でもありました。

彼に愛されていない前提で付き合っていたので、つねに「捨てられちゃうかも」という不安でいっぱい。

だから彼が仕事仲間と飲みに行って、3時間連絡がないだけで「何してるんだろう！　わたしのこと忘れちゃったかな……誰か女の人といるんじゃないか……」と不安になり、メール&電話の嵐。

2時間で100回以上電話をかけたこともありました。

完全にメンヘラな悲劇のヒロイン！

自分に自信がなかったわたしは、彼が女の子と話すだけでも嫉妬です。その矛先は店員さんにも向けられていました。

ある日、家電を見に行ったときのこと、最新機器のデモンストレーションをしていた若い女の子のところで長時間話を聞きつづけている彼。

その姿を見て、「なんで、わたしだけを見てくれないの！」と怒りが湧いてきたわたしは、本音を伝える勇気もなく、どうしたらいいかわからずパニックになり、逃亡したのです（笑）。

わたしがいなくなったことに気づいて慌《あわ》てて連絡をしてくれる彼の姿を見て、やっと安心するという痛いこじらせ方をしていました。


今なら、夫が飲み会に行っても「彼も今楽しい時間を過ごしているといいな」と思って、ひとりの時間を楽しめます。

夫を信じる心ができたからという理由もありますが、相手ばかりに求めずに「自分で自分を満たす」スキルを身につけたからだと思います。

ただ、そうは言っても、心がざわざわして嫉妬心が湧いてしまうことだってありますよね。


そんなときは、正直に「嫉妬しちゃった」と伝えるんです。

素直に、怒らずに、甘えるように伝えると、彼にとっては「かわいいなぁ」と逆に好感度アップ！　自分に素直になれると心もスッキリするし、彼は喜んでくれるしで、いいことだらけ。
伝えるときに注意するポイントは、主語を「わたし」にすること。
「あなたが他の女の子と話していたから嫉妬しちゃった」ではなく、「わたしね、嫉妬しちゃったんだ。他の子と話しているのを見てムスッとしちゃった」と。相手の行為を否定するのではなく、あくまで「わたしはこう思った」と素直に伝えること。

自分の気持ちに素直になるのは、女の子が可愛く見える魔法なんです。

姫マインドの魔法

自分に素直になって、打ち明ける。

離婚を決意できたワケ

わたしは27歳のときに、一度結婚しています。

ただ当時わたしが結婚を決めた理由は、「今のうちに結婚しておかないと、こんなわたしのことなんてもう誰ももらってくれない！」という、めちゃくちゃネガティブなものでした。

適齢期に結婚しておかないと世間の目が怖いし、何を言われるかわからない……という、なんとも人の目を気にしまくった動機だったのです。

まだ自分で自分を幸せにするという発想がなかった当時のわたしは、「結婚したら幸せになれる」と思い込んでいました。

結婚することで〝相手に幸せにしてもらおう〟という、まさに他力本願な悲劇のヒロイン思考だったんですね。

そんなわけで結婚当初は悲劇のヒロインだったわたしですが、「自分の人生を主役で生きる」という姫マインド思考を獲得しはじめると、結婚生活に大きな違和感を抱くようになりました。

自分の好きなことを仕事にしようとパーソナルスタイリストとしての活動もスタートした頃で、看護師の仕事も並行してやっていましたが、今思うと、ちょうど人生の転換期だったと思います。

わたしは悲劇のヒロインを卒業しつつありましたが、いくら「わたしはこうしたい」という本音を彼に伝えても、ちっとも満たされない関係でした。見ている未来が違う相手と過ごす時間は、それはそれはモヤモヤするものでした。

「離婚したら周りからどう思われるんだろう」「バツがついたわたしなんか誰ももらってくれないだろう」という恐怖はありましたが、姫マインドを選択してからは、その恐怖よりも、しっくりこない結婚生活をつづけることの方が苦痛でした。

その結果、結婚して2年足らずで離婚することにしたのです。

いざ離婚してみたら、周りの反応は意外なものでした。

「勇気ある選択ができて、すごいね！」

「じつはわたしも離婚したいんだけど勇気がなくて……」

「自分の人生を生きてるって感じで羨ましい」

そんなふうに言われたのです。

悲劇のヒロインのまま結婚生活をつづけていたら、「夫のせいで全然満たされない！」と毎日グチグチ言いながら過ごしていたことでしょう。

そんなの、相手にとっても失礼ですよね。

付き合っている状態でも、結婚している状態でも、**少しでも違和感を持ったら「わたしってどんな恋愛がしたかったんだっけ？」と自分に聞いてみてください。**

もし自分の思い描く関係と違うのなら、勇気をもって別れを切り出すのもひとつの選択肢だと思います。

どんなときも、自分の幸せをいちばんに考える。それが姫マインドの鉄則です。

姫マインドの魔法

しっくりこない恋愛は考え直す。

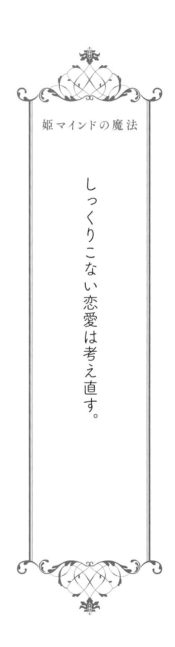

2度目の結婚は会社経営者と

そして離婚後、運命の人はすぐ近くにいることに気づきました。

そう気づけたのは、**「こういう人と結婚したい！」という自分の理想の相手像を具体的に書き出してみたからでした。**かなりかなり詳細に！

・毎日「好き」って言ってくれる
・旅行にたくさん連れて行ってくれる
・会社経営者で時間の自由がある
・黒髪、白肌
・手を繋いでくれる
・年収はこれくらい
・一途

・LINEの返信が早い、連絡がマメ
・将来は子どもがほしい
・過去のしがらみを手放して、一緒に自由に生きたい
・経済的な豊かさには制限をかけたくない
・海外も視野に入れた自由なライフスタイルを考えたい
・家を建てたい
・全力で甘え合える関係がいい

などなど、思いつくものを50個ほどは書き出しました。**ためらわずに、ぜーんぶ書き出してみるのが大切です。**

現在の夫とは、起業当初に参加した女性起業家のイベントで、夫が主催側、わたしが出店側で参加したことがきっかけで出会いました。起業時期が同じで年齢もひとつ違いだったこともあり、夢に向かって一緒に励まし合う仲間のような存在でした。

彼の人懐っこい性格もあり、サロンの集客に関するサポートやアドバイスをたくさんしてくれる頼れる友人でしたが、出会った当初はわたしも結婚してい

ましたし、恋愛相手だとは思っていなかったんですね。

でも、わたしの離婚後、彼から真剣な告白を受けました。

わたしはまったく気づいていなかったのですが、じつは夫は出会った日にひと目惚れしてくれていたのです（すみません、のろけですね〜）。

お友だち期間が長かったので、まず彼のその一途さに打たれました。

そして自分が書き出してみた結婚相手の理想像に、彼が驚くほどマッチすることに気づいたのです。目指している未来が同じであることも、大きな決め手になりました。


自分の理想の相手像は、具体的に書き出しておくのがオススメです！

姫マインドの魔法

「こんな人と結婚したい！」を詳細に書き出してみる。

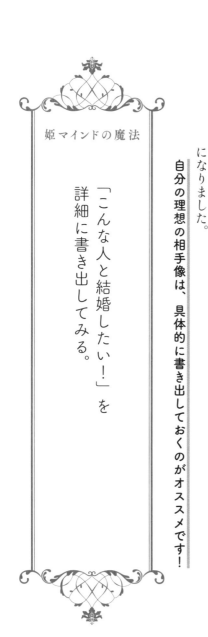

結婚しても週2回のデートが大切

わたしたち夫婦は、お互いに自営業なので休みは自分たちで決められます。自由に決められるのはありがたいのですが、逆に言うと、仕事とプライベートの線引きがむずかしいのも現実。

夫と付き合い始めたばかりの頃は、デートをしていてもスマホで仕事の連絡をしたりSNSを気にしたりして、彼は落ち着かない様子でした。

それを見て「こんなデート、イヤだ！」と思ったわたしは、週に2回の「完全オフDAY」を提案したのです。

最初は「仕事をする時間が減るから嫌だなあ」と言っていた彼ですが、しぶしぶ付き合ってくれた結果、大成功！

仕事とプライベートが曖昧だったときよりも、しっかりデートして遊ぶことで「よし、また仕事頑張ろう！」というモチベーションとなって、仕事の業績もぐんぐん伸びていくようになりました。

　この週2回のデートは、結婚してからもつづけています。なるべく非日常を味わうものにしようと心掛けていて、ふだんは行かないようなレストランで食事をしたり、住宅展示場へ足を運んで将来のマイホームのイメージを膨らませたりと、一緒にわくわくする時間にするのが、わたしたち夫婦のデート方法です。

　どんなに仲良しでも、マンネリ化してしまうことって絶対にあると思うんです。**だから、ふたりで楽しみながら努力することが大切。**メリハリをつけて遊ぶ時間をつくることで、新鮮な関係を保つ努力をしています。

姫マインドの魔法

ふたりで一緒に、わくわくする時間をつくる。

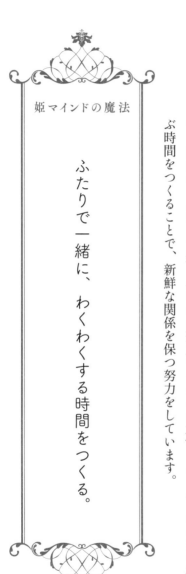

溺愛されるコミュニケーションの極意

溺愛されるコツは、じつはあなたが〝何かをする〟ことではありません。彼に〝思いっきり愛させてあげる〟ことなんです。

男性って、意外と打たれ弱いもの。

だから彼の好意をいつも「いいよいいよ、大丈夫」と断っていたり、「そんなんじゃャイヤ!」とダメ出しばかりしていると、彼は「あれ? 僕の愛情表現おかしいのかな?」と、あなたを愛する勇気を失ってしまいます。

悲劇のヒロイン時代、「愛されたい」と思いながら、その当時の彼の愛をまったく受け取っていなかったなあと思います。

「可愛い」と言われても、「でも、もっと可愛い子がいるし……」と思い、「好き!」と言われると、「ずっと好きでいてもらえるように頑張らなきゃ……」とプレッシャーを感じる。それが表情と態度に出ていたから、彼もだんだん愛情表現をしなくなりました。

それなのに「わたし愛されてない！　もっと言ってよ！」と怒っていたのだから、自分勝手ですよね。

今の夫は、もともと愛情表現が豊かなタイプですが、彼に「好きだよー」と言ってもらったときには「わあ、うれしい！　そうやって言ってもらうとすっごく幸せな気持ちになるんだ！　毎日言ってね！」と笑顔で伝えるようにしています。すると夫は「愛させてくれてありがとう」といつも伝えてくれます。

男性は本来、与えたい生き物。女性は、受け取る生き物なんです。

姫マインドの魔法

溺愛されたいなら、喜んで受け取る。

Chapter 03

姫マインド
ライフスタイル編

「やりたいな」を現実にする

人生を変える最短ルートは日常を変えること

世界を旅したら人生が変わるんじゃないか
彼氏ができたら人生が変わるんじゃないか
転職したら人生が変わるんじゃないか
ひとり暮らししたら人生が変わるんじゃないか

変わりたいと思って、あれこれ妄想を膨《ふく》らませるのも悪くありません。でも、**じつはそんなに大きな変化をしなくても、あなたの人生を変えることができます。**

その最短ルートは、日常を変えることなんです。

毎日あなたの目に映るもの、手に取るものを変えるだけで、仕草や行動が劇

的に変わるからです。

たとえば、わたしが初めてブランド物のバッグを持ってお出かけしたときのこと。当時の彼とのクリスマスデートのために張り切っておしゃれをして、母親からグッチのバッグを借りてお出かけしました。

数十万円もするバッグを持って出かけるのは初めて。

大切なバッグなので、床に置くなんて言語道断！　型崩れしないように中身も厳選し、お手洗いではバッグが濡れないように気をつけて手を洗う。歩く際もバッグが綺麗に見えるようにおすましして歩いている自分がいました。

いつも使っている数千円のバッグでは、絶対にしない行動ですよね。

逆に言えば、ふだんからお気に入りのものや大切なものだけを手にするようにすれば、自然と仕草も行動も変わってくるということ。

だから自分にとっての「特別」を毎日の生活のなかに取り入れるだけで、あなたはすぐ変わることができるんです。

姫マインドの魔法

目に映るもの、手に取るものを「特別」で揃える。

理想はSNSで手軽に情報収集を

「理想の生活を考えてみて」と言われても、なかなかパッとは思いつかないものですよね。

そんなときに便利なのがSNS！

わたしの場合は、インスタグラムの裏アカウントを作って、自分の好きな人しかフォローしないようにしています。

この方法が本当におすすめです。

お付き合いやお仕事でフォローしていて興味がないものも流れてきてしまう本アカウントとは違って、自分の好きな人や憧れのライフスタイルの投稿だけが流れてくるので、ストレスもゼロ。

「こんな生活ステキだな～♡」「あ、ここならわたしも行けそう！」とわくわくしたご機嫌タイムになります。

気楽にこんな基準でフォローしてみましょう。

・見ていてときめく人
・こんな生活を送りたい、と純粋に憧れる人
・顔がタイプの人
・ファッションが好みの人

人って、自分の知っている範囲でしか理想を描けないと言われています。だから積極的に自分好みの情報をとりに行って、理想の範囲を広げていきましょう。

そうやって豊かな暮らしをしている人をつねに見ていると、いつのまにかその基準に慣れてきて、自分にとっても身近なことになってくるんです。

逆に、何となく惰性で見ている学生時代の友人の投稿や、あまり魅力的でない投稿ばかり眺めていると、そうした価値観に慣れてしまって、気づいたら自分もそんな日常になります。

あなたが憧れる理想って、どんなものですか？
心が動くままにSNSで情報を集めて、あなたの価値観を深めていきましょう。自分の理想がよりクリアになって、自然に日常が変わっていくはずです。

姫マインドの魔法

憧れの人や暮らしをたくさん眺めて、
自分の日常にする。

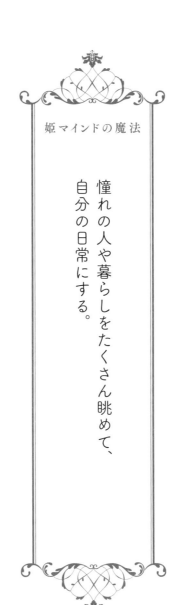

「やりたいな〜」で終わらせるクセは卒業

「やりたいなあ」と思いながらも、もう何年も実践できずにいることって、ありませんか？

いつか海外旅行に行ってみたい
いつか料理教室に通ってみたい
いつか彼氏を作って幸せな結婚がしたい
いつかジムに通ってダイエットに成功したい
いつか起業したい

などなど、たくさんあるかもしれませんね。
わたしが経営するスタイリングサロンのスタイリストのひとりも、まさにこのタイプでした。

「起業したい人向けのお茶会をやりたいんですよね〜」と言いながら、1年ほどが経過。いつまでもやる気配がなかったので「いつやるの?」と聞いてみると、「うっ……来月……やります……」と、痛いところを突かれたような反応をしながらも、なかば無理やり実施することを決めたのです。

でもね、決めたら不思議。

無理やりにでも決めたことで行動せざるを得なくなり、結果、想像以上の参加者さんが集まって大盛況のお茶会となりました。

終わった後、主催した彼女も「すっごく楽しかったです〜! なんで早くやらなかったんだろう♪」とキラキラした笑顔で言っていました。

今では「これやりたいなって思ってるんです〜」と彼女が言い始めると、わたしが何か言う前に「はいはい、いつやるかですよね♪ この日にやります♪」と自分から提案するほどになっています。

あなたのなかにいるお姫さまは、じつは「やりたい」という願望をすぐ叶えてあげることで満たされるんです。

だから「やりたい」という願望を見つけたら、できるだけすぐに叶えてあげましょう。

「これやりたいな〜」「ここ行きたいな〜」と言いながら何年も叶っていないという人は、**〝いつやるか〟を決めることで簡単に解決します。やっちゃえばいいのです！**そうすると、すごく満たされるのがわかると思います。

いちど願望を叶え始めてしまうと、つぎつぎ叶えたくなるはずです。そして叶えるのはむずかしくありません。だって、〝いつやるか〟を決めるだけでいいのですから。

あなたのなかのお姫様がやりたがっていることは、できるだけ早く叶えて、どんどん自分を喜ばせてあげましょうね。

姫マインドの魔法

やりたいことは〝いつやるか〟を決めて、
すぐ叶える。

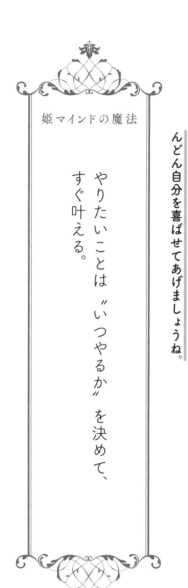

部屋の散らかりは人生の散らかり

自分のお部屋を思い浮かべてみてください。

ずっと片づけたいと思っているけれど、片づいていない場所
何年もずっと同じ位置にあって、動かすのが怖い家具
買ったはいいけれど、使ってない健康器具

などなど、思い当たる節はありませんか？

わたしの悲劇のヒロイン時代は、まさに〝片づけられない女〟でした。

7畳ほどの1Kにひとり暮らしをしていたのですが、それはもう、足の踏み場がほぼないくらいの散らかりよう。

埃《ほこり》がたまり、水回りはいつも汚れている。でも当時は、その状態が「普通」

だったので、とくに気にもせず暮らしていました。

その頃の生活は、仕事が終わったら毎日のように飲みに行き、ラーメンを食べて帰り、翌日は二日酔いでギリギリに起きて職場へ。恋愛はいつも長つづきせず、幸せとはほど遠いもの。

部屋と同じように荒れ放題で、めちゃくちゃなものでした。

そんなある日、当時流行っていた近藤麻理恵さんの『人生がときめく片づけの魔法』（サンマーク出版）を読んで、「片づけるだけで人生が変わるならやってみよう！」と断捨離を決意。ときめくものだけを残すというメソッドを実践した結果、たった7畳の部屋から、なんとゴミ袋が10個分以上も出て衝撃を受けました。

そして、ゴミ袋をすべて捨ててお部屋に戻ったとき、明らかに空気が違っていたのです。

色でたとえるなら、濃いグレーから透明な水色っぽい白に変わったイメージ！

とっても空気が澄んで、気持ちがよかったのをよく覚えています。

今思うと、当時のわたしには〝自分を大切にする〟という感覚を知らなかったので、自分が過ごす場所を整えるという発想がなかったのです。

あのお部屋の散らかりは、自分にとって何が大切なのか、何が必要なのかわからない、自分の価値観に気づいていないわたし自身を全力で表していました。

今、夫と住んでいる家は当時より何倍も広いですが、持っている物はあの頃よりも減っています。

姫マインドで生きるようになると、自分のときめくものが何なのかがわかるようになるので、それを選択するだけになります。

だから暮らしも整って、いいこと尽くしです。

姫マインドの魔法

部屋には、ときめくものだけを置く。

セルフイメージは服の選び方で変わる

悲劇のヒロイン時代のわたしは、ピンクや白がメインカラーで花柄のふわふわしたスカートを履くのが定番スタイルでした。

でも姫マインドを始めた頃から、周りから言われる自分のイメージが変わってきたことに気がつきました。

以前までは「かわいい」「親しみやすい」だったのが、「かっこいい」「ちょっと近寄りがたい」に変わったのです。

おお、これはファッションも変えてみると面白いかも!? と思い切ってイメチェンしてみることに！

それまでは「かっこよすぎるかな」と手を出さなかった派手なカラーのタイトスカートに白いシャツ、シンプルなシャツワンピースなど、かっこいい雰囲気に寄せてスタイリングしてみました。

すると驚いたことに〝かっこいい自分〟〝デキる自分〟を受け入れられるようになったのです。

昔からいじられ気質で、かわいい、親しみやすいと言われていた当時のわたしは、かわいい系のお洋服を身に纏《まと》って、それに相応《ふさわ》しい〝できないわたし〟を選んで行動していたんだなあと思います。

あなたはどんな自分になりたいですか？

エレガントになりたいなら、着心地よりも見た目の美しさを優先して選んでみる。

親しみやすい雰囲気を出したかったら、いつも選ばない明るい色のトップスを選んでみる。

たったそれだけで、あなたのなかのお姫様のイメージはガラッと変わって、「こんなわたしもいたんだ！」と自信がつき、満たされていきますよ。

姫マインドの魔法

なりたい自分の服を選ぶ。

コロナ禍に学ぶ〝自分の部屋〟の大切さ

新型コロナウイルスの影響で、強制的に自分の部屋で過ごすことが多くなりました。わたしはそれまで、家にいるよりも外出していることが多かったので、家に対する愛があまりないタイプだったんです。

それで、あらためて見回してみると

なんとなく選んだソファ
なんとなくとってある服
なんとなく捨てられない雑貨

と、……ときめくものだけだったはずが、**〝なんとなく〟がだいぶ増えていることに気づきました。**だから居心地が悪くって、窮屈だったのです。

姫マインドの魔法

自分の部屋にも愛を持つ。

まずは、「どんな部屋に住みたい？」と自分に聞いて、最高の理想を考えることからスタート。

わたしの理想は、〝ゆっくりおしゃれを楽しめるスペースを作ること〟でした。そこでドレッサーを購入し、夢だったオープンクローゼットでお洋服も見やすくディスプレイ。その結果、大好きなファッションやメイクを楽しめるようになり、おうちにいてもご機嫌な時間を過ごせるようになりました。

新型コロナウイルスがきっかけで、自分の部屋にも愛を持って接することに再び気づくことができたんですね。

ルームウェアにいくら出せる？

過去のわたしは、「ルームウェアにお金なんて出せない！」と本気で思っていました。

なぜなら、その当時のわたしのルームウェアの定義は〝2軍落ちした服〟だったから。わざわざ誰も見ていない家のなかで素敵な服を着ようなんていう発想は、皆無でした。

でも、外でみんなに見られるわたしはステキにするけれど、家での自分はステキじゃないなんて、なんだか悲しいですよね。

わたしが初めてルームウェアにお金を使ったのは、ジェラートピケでした。それもアウトレット。8千円のパジャマがアウトレット価格で5千6百円になっていたので、勇気を出して購入したのです。

外出用のお洋服には何万円もかけられるのに、この5千6百円の買い物はヴィトンのバッグを買うくらいの気持ちでした。

でも、ルームウェアにもお金をかけられるようになると、**自宅で過ごすときの気持ちも驚くほど変わります。**

「ちゃんと自分を大切にできているなあ」と感じられて、ひとりでニヤニヤ嬉しくなったりしています。

だって、わたしにもあなたにも、それだけの価値があるんですものね。

外でおしゃれしてキレイにしているときだけ価値があるのではなく、**おうちでリラックスしているわたしにもたっぷり価値があります。**

たかがルームウェアと思うかもしれませんが、ちょっとフンパツして、ステキな部屋着を買ってみてください。

気分がグッと上がって、自信にもつながるはずです。

姫マインドの魔法

ひとりで過ごしているときの自分も大切にする。

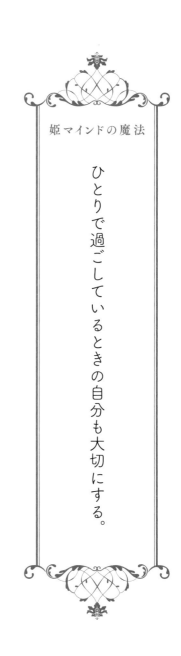

Chapter 04

姫マインド

お金＆ビジネス編

女子は
“頑張りすぎない”ほうが
うまくいく！

「お金が大好き！」と認める♡

突然ですが、「今すぐ『お金が好き！』と言ってみて」と言われたら、あなたはすぐに言えますか？

「言える！」という方、言ったらどんな気持ちになりますか？

「言えない！」という方、何が気になって言えないですか？

わたしにも、なぜか「お金が好き」なんて言っちゃいけない、という罪悪感のようなものがずっとありました。

ほしいものはたくさんあるし、本当はお金がたくさんほしいと思っているのに、自分からわざわざお金をブロックして、遠ざけていたのです。

パーソナルスタイリストとして起業してしばらくした頃、あきらかに収入が上がってきたなと感じる時期がありました。そのときに意識していたのが、お金への罪悪感を徹底的になくすこと。

本音ではお金持ちになりたいとか、ほしいものがたくさんあるのなら、「お金が大好き」と認めるのがいちばんの近道です。

「お金よりも大切なことがありますから……」なんて、世間の目を気にしていい人ぶっても、何もいいことはありません。

「財布を綺麗にする」とか「開運日に財布を新調する」など、たくさんの金運アップの方法がありますが、そもそもそれってお金がほしいからやっているはずですよね。

お金が好きという気持ちにフタをする必要なんて、ないのです。

わたしも自分に正直に生きると決めてから、「ほしいものリスト」を書いてみたことがありました。すると出てくるわ出てくるわ、わたしの欲望の数々が!ヴィトンやシャネル、エルメスのバッグ、靴、お洋服。旅行はファーストクラスで行きたいし、レストランは最高級がいいなどなど……。

これだけお金のかかる欲望を秘めていながら、今さら「お金より大切なものがあります」なんて、逆に恥ずかしくて言えないと気づいてしまったのです。

それからは勇気を出して、「お金が大好きなの！」と公言するようになりました。もちろん最初それを聞いた仲間たちは戸惑い、とくに男性からは「そんなこと、女の子が言わないほうがいいよ……」と止められることもしばしば。
でも、わたしの目的はモテることではなくて、お金のブロックを外すこと。
だから実験だと思って、めげずに言いつづけてみたのです。

すると、お金さんはやっぱり素直。

公言し始めてすぐ、起業当初から思い描いていた理想の収入を得られるようになったのです。

こんなに簡単に現実が変わるなら、モジモジしているなんてもったいない！
もし、あなたの「ほしいものリスト」や「理想の未来」がめちゃくちゃお金のかかる夢ばかりなのに、「お金が好きなんて言えません……」とためらっていたら、その未来はどうやったって叶いません。

お金が大好きなくせに、認めないなんて素直じゃないですよね。
世間の目ではなく、自分の夢を叶えるために、お金は大切なんです。

だから今日から素直に、「お金が大好き！」と堂々と公言しましょう！

姫マインドの魔法

お金のブロックを外して、素直に受け入れる。

どれだけお金がほしいかは自分で決めよう

わたしがパーソナルスタイリストとして起業した当初のこと。

漠然と、「年収1千万円くらいあったらほしいものを遠慮せず買ったりできるんだろうなぁ」と思っていました。

本当は、月収100万円くらいあったらいいな〜と思っていたのですが、当時のわたしにとって100万円はちょっと大きすぎて、手が届かない気がしたんですね。

だから、なんとなくしっくりくる60万円に設定して、「月に60万円は稼ぐ！」と毎月手帳に書きつづけていました。自分が毎月60万円も売り上げた状態を想像して、わくわくしていたのを覚えています。


そして、書きつづけて1年ほど経ったとき。

売り上げ記録を見たら、キレイに60万円の売り上げだったのです。「思い描いていたことが本当に叶った!」と興奮したのを覚えています。

このときよかったのは、自分の〝しっくりくる〟数字を設定していたことだと思います。

月100万円は、もちろん夢として持っているとよいですが、まずは、しっくりくる自分にやさしく♡甘い設定がオススメ。

でもじつは、そのあと目標の更新をせずにいたら、売り上げもずっと60万円以上にならなかったのです。

「そうだ。目標の更新をしていなかった!」と気づいて、「月収100万円を達成する!」と手帳に書き始めたら、なんと翌月には叶ってしまいました。

〝夢が叶う〟という感覚を掴んだら、目標はつねに〝自分にしっくりくるもの〟にアップデートしていくことが大切です。

更新しつづけることで、あなたの価値を高め、自分を磨きつづけることにもつながっていきます。

姫マインドの魔法

目標は自分にやさしく甘い設定から始めて、アップデートしつづける。

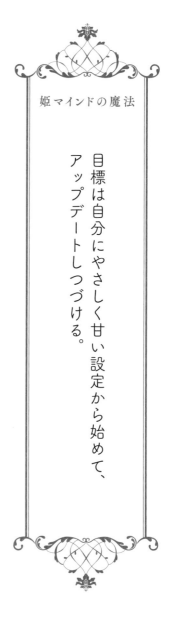

夢の叶え方は、わからないほうがいい!

47ページでお話しした「『夢はどうせ叶うもの』と考える」とは、また少し別の視点から、夢についてお話ししていきます。

「夢を書き出してみましょう」


いろんな本やブログなどで、読んだことがある方も多いと思います。

これ、やってみるとわかるのですが、意外とむずかしいんです。

最初はわくわくしながら書き始めるのですが、書き出すうちに「でも、こんなの叶うわけないよなぁ」と自信がなくなってきたりします。

途中から弱気になって、本当は「ファーストクラスでハワイに行きたい」と書きたいのに、レベルを落として「ビジネスクラスでハワイに行きたい」と遠慮して書いてしまったり、「毎日素敵なレストランで食事がしたい」が本音なのに、「週に2回は素敵なレストランで食事がしたい」と書いてみたり。

こうやって遠慮して書いた夢って、あらためて見返しても全然ときめかないんですよね。

そうやって悶々《もんもん》と過ごしていたとき、知り合いの経営者の方から、こんな考え方を教えてもらいました。

「どうやったら叶うかわからないものが〝夢〟で、叶え方がわかるものが〝目標〟だよ。だから夢は、叶え方がわからないくらい大きなものを書けばいいんだよ」

その瞬間、パーっと世界がひらけた感覚になりました。

たとえば、こんな夢があったとします。

・ファーストクラスでハワイに行きたい
・いつでも海外旅行に行ける生活
・自分のことを心から大好きと言えるわたしになる

ファーストクラスでハワイに行くのは夢。でも、今のわたしでも購入可能な価格のプランでハワイに行くことはできる。これが目標。

いつでも海外旅行に行ける生活になるのは夢。事前に休みを申請して、この時期に海外旅行に行くと計画を立てるのは目標。

自分のことを大好きと言えるわたしになるのは夢で、1日に1回やさしい言葉を自分にかけてあげられるようになるのは、目標。


この考え方を知ってから、夢を思いっきり描くことが楽しくなりました。

それに、夢として書き出したときに「こんなの叶わない！」と思っているのは今のあなたの思考。


姫マインドは、つねに自分が最高に幸せな状態になれることを信じているので、最高のわたしになったときの生活を描きましょう。


もし、書き出しているときに、考えすぎてしまったり遠慮の気持ちが出てきたら、**「なんでも叶う世界だとしたら？」を合言葉にしてみてください。**

なんでも叶う世界ですから、遠慮なくわくわくする未来をたくさん書き出して、わくわくする気持ちを味わってくださいね。

目標を叶えていくうちに、夢もきっと叶ってしまうはずです。

姫マインドの魔法

大きな夢も叶うと信じる。

周りのために頑張るのをやめてみる

起業してサロンを経営するようになってすぐの頃は、「オーナーという立場として、わたしが全部ちゃんとやらなきゃ」と思っていました。だってオーナーなんだもの、しっかりしなきゃと、毎日自分を戒《いまし》めていたわけです。

でも、あるとき、ついに自分のキャパを超え、「もう無理!」と強く感じた日がありました。

あまりにもつらくなってしまったので、サロンのメンバーを招集して、勇気を出して素直に打ち明けることにしました。

「わたし、すごくつらいです」と。

すると、サロンメンバーたちが、「あんりさん、もう、頑張らなくていいですから」と言ってくれたのです。

「あんりさんが頑張りすぎていると、わたしたちもしんどいし、言ってくれればサポートしますから」と。

そこでようやく、気づきました。

わたしが頑張りすぎていたせいで、ネガティブなエネルギーが周囲にも伝染して、みんなをつらくしていたのです。申し訳ない気持ちと同時に、感謝の気持ちがむくむくと湧いてきました。

悲劇のヒロイン思考はもうとっくに卒業していたつもりでしたが、ときどき発作みたいに「頑張らなきゃ」「自分で何とかしなきゃ」と思い詰めてしまうことがまだあるんですね。きっと多くの女性が、そうなんじゃないかと思います。

つい力の抜き方が、わからなくなってしまうのです。

でも、自分を大切に甘やかしてあげるのが姫マインドの鉄則。ネガティブなオーラを振りまいて周りを苦しめるよりも、あなたが力を抜いて周りを頼ったほうが、ことは往々にしてうまくいきます。

姫マインドの魔法

頑張りすぎずに、自分をちゃんと甘やかす。

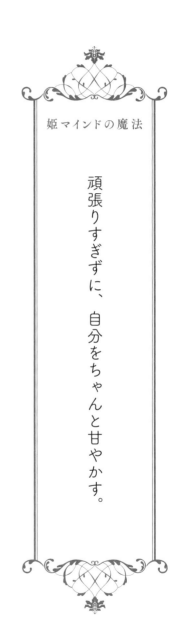

ときめかない作業は人に甘える

わたしは事務作業全般がとっても苦手です。

たとえば、わたしがエクセル表を触ると、なぜかぐちゃぐちゃになってしまう……のです。領収書の整理の仕方もわからないし、グーグルカレンダーに予定を入れることさえ億劫《おっくう》!! というくらいパソコン操作が大の苦手。

それでも悲劇のヒロイン思考に陥りがちなわたしは、「わたしが頑張らなきゃっ! みんなに迷惑かけちゃう!」と思って、勝手に頑張って勝手に疲れるという負のループを彷徨《さまよ》っていました。

そんなとき、事務作業が得意で「お仕事、なんでもお手伝いします♡」と言ってくれる救世主のような女の子が現れたのです。

ドキドキしながら「わたし、事務作業できないの……」と伝えると、「お任せください♡」と言って、わたしだと3時間はかかる資料作成を30分でサクッと仕上げてくれたのです。

しかも彼女は「こんなことで喜んでもらえるなら、いくらでもやります♡」と。

なんという奇跡! 心のなかで叫びました。

わたしにとっては苦痛でしかない作業も、得意な人にとっては、なんてことのない簡単なお仕事なのだということに感動しました。むしろ彼女は、わたしができないおかげで自分が簡単にできることで人の役に立てて、喜んでくれていたのです。

それからというもの、事務作業はもちろん、グーグルカレンダーに予定を入れることさえお願いするようにしています。

「本当は苦手なんだよな、やりたくないな」と思っていることは、心の声にしたがって、さっさと手放すのが正解!

それはあなた以外の誰かにとって、やりたいことだったりするんです。

姫マインドの魔法

苦手なこと、やりたくないことは、すぐに手放す。

夫の年収が10倍になるコミュニケーション

わたしが夫に出会った当初、彼の年収はじつは今の10分の1ほどでした。

それでも、その当時の夫は「これくらいの年収がほしい!」と断言していたので、わたしは彼のその言葉をただただ信じてみることにしました。

「いいね! Tくんならすぐ叶いそう♡」とポジティブな言葉をかけ、「それが叶ったら、どんなことがしたいの?」とわくわくした未来を描く時間を作りました。

その結果、なんと3年で年収が10倍になったのです。

夫は、「きみがずっと信じてくれていたから、安心して頑張ることができた!」と言ってくれていますが、じつは、わたしもそうだと思っています(笑)。


お金はエネルギーです。

だから大きすぎると受け取ることに怖さを感じたり、「本当に叶うかな」とい

う不安が湧いてきたりするものですが、それを振り払って〝信じきる〟ことが大切だと思います。彼の分まで一緒に、信じてあげるのです。

あなたが世界でいちばん愛する相手なら、あなたがいちばんの味方になること。あなたが笑顔で応援してあげることが、彼にとってのいちばんの勇気になります。

そうそう、でも彼のマインドに左右されないように、心から応援できるように、**あなた自身がいつもご機嫌でいる努力は欠かさないようにしましょうね。**

姫マインドの魔法

心から笑顔で「できるできる！」と信じてあげる。

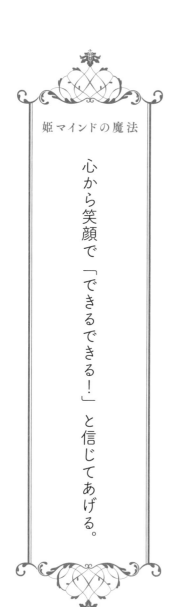

ひとり勝ちからみんなで楽しむことへ

パーソナルスタイリストとして起業した2017年当時は、〝起業女子〟というワードが流行り、多くの女性が好きなことを仕事にするという考え方のもとに起業していました。

ですから当時は、〝月商7桁達成!〟とか、講座を開けば〝毎回満員御礼〟といったような、キャッチーなワードをよく見かけました。

わたしも、まさにその時期に起業したので、月商を上げること、いかに人気の高い講座を作って集客できるか、ばかり考えていました。

そのおかげで、理想の月商は手に入れることができましたが、問題もありました。

わたしは、ひとりぼっちだったのです。

この豊かさや楽しさを「大切な人と共有したい！」と思い、自分ひとりでパーソナルスタイリストをつづけることをやめました。

従来は、一緒に働くなら優秀な人がいい、しっかりしている人がいいという風潮があったと思いますが、**わたしが一緒に働く人を選ぶときに重視しているポイントは、能力ではありません。**

「この子といると楽しいな、一緒にいたいな」と感じられるかどうかだけで判断しています。つまりは人柄です。

この判断基準を持っていたことは、結果、大成功でした。

わたしのサロンのスタイリストのひとりも、一緒に働き始めた当初は本当に何もできなくて、手がかかってしかたがない子でした。

それでも、彼女の明るい人柄はいつもわたしに元気をくれて、「あんりさんと一緒にいられて嬉しいです！」と言ってくれる素直さに、つねに励まされていました。

そして今では、自分でさまざまな考えを打ち出して実践し、第一線で大活躍してくれています。

あのとき、能力だけで判断していたら、わたしは今でもひとりぼっちだったと思います。
むずかしく考えがちなお仕事仲間も、一緒にいて楽しい人を選ぶ。
そんなわがままも、姫マインドを獲得した今、軽やかに叶えることができています。

姫マインドの魔法

仕事仲間も、一緒にいたい人を選ぶ。

夢を叶える最高のチーム作り

ひとりで見た夢は叶わない。

みんなで見た夢は叶う。


人の目を気にせずに、いつも自分の人生の主役を生きる。

そんなふうに軽やかに生きる女性をどんどん増やしていくのが、今のわたしの夢です。

わたしのこの夢に共感して、協力したいと集まってくれた仲間たちとともに、さらなる豊かさを広げていけることが楽しみで仕方ありません。

わたしはいつもチームメンバーに、「あなたはどうしたい？」と聞くようにしています。

そして、その子が掲げた夢は、チームみんなの夢として全力で応援します。ひとりで頑張って叶えようとするよりも、みんなで考えて協力したほうが、何倍も楽しくて充実しますよね。

何だって自由に選べるこの時代に、制限なんて必要ないのです。

〝制限〟だと思うものがあるとしたら、それもすべて自分が作り出していると、今のあなたなら気づけるはず。

さあ、あなたの夢は何ですか？

めいっぱいわがままに思い描いて、軽やかに叶えていきましょう。

姫マインドの魔法

あらゆる〝制限〟を取り払おう。

おわりに

ただ、そこにいるだけで愛される存在になりたい。

この想いに気づいた3年前は「絶対に叶わないだろう」と思うくらい遠い夢でした。

当時のわたしは悲劇のヒロイン真っ只中で、世間に評価されることを最優先に、頑張って頑張って頑張って生きていたからです。

それが今では、姫マインドメソッドを取り入れることで「わたしはありのままで充分に価値があるし、愛されている」と本気で思えるようになりました。

これは、わたしが特別だからではありません。

このメソッドを知って実践することで、人生を変える女性たちをたくさん見てきました。**本当に、誰でも、人生は変えられるんだと気づけたのです。**

念願だったこの本を書くことが決まったとき、この考えをひとりでも多くの人に伝えたいと願い、あらためて姫マインドメソッドをまとめながらずっと考えていました。「このメソッドをひと言でまとめると何だろう?」と。

書き終わる頃に、しっくりくる言葉に出会えました。

「主語をわたしにして生きれば、すべてがうまくいく」

多くの女性が気づかないうちに、いかに他人の人生を歩んでいるか。

気づかないうちに、どれだけ自分のことをいじめているのか。

そのことに気づいてほしい。自分の人生を歩んで、自分であることに安心しながら生きてほしい。

その思いを伝えたいという気持ちが、さらに強くなりました。

この本を通して、今、生きづらさを抱えて苦しんでいる人に、「わたしに生まれてきてよかった」と心から感じてもらえますように。

世界でいちばん大切なあなた自身を、あなた自身がいちばん大切にできますように。

そして、自分のことを本当に大切にできるようになったあなたが、周りの人のことも真の愛で大切にできますように。

あなたなら、必ずできると信じています。


愛を込めて。

仲本あんり

巻末付録

たった10日で
姫マインドが手に入る♪

姫活ワーク☆

たった10日で
姫マインドが手に入る♪
姫活ワーク☆

Day 1

今日は記念すべき1日目。
10日間のワークを通して
姫マインドを身につけていきましょう♥

寝る前に、今日1日のなかでうれしかったこと、幸せだったことを思い出してニヤニヤする

悲劇のヒロインを卒業して姫マインドを
獲得するファーストステップは、
“あるものに目を向ける”練習です♪

姫活という新たなチャレンジを
始めた自分を褒めながら、
今夜はリラックスして、
ゆっくりお休みなさい……🌙

たった10日で
姫マインドが手に入る♪
姫活ワーク☆

Day 2

昨日のワークはどうでしたか？
寝る前のリラックス時間に自分と向き合うこと、
よかったらつづけてみてくださいね✨
今日は「悲劇のヒロインとさようなら！」する簡単な方法です。

SNSでフォローする人を整理する

毎日、ついつい無意識に見てしまうSNS。

自分より幸せそうな人を見てモヤモヤ。
愚痴ばかり投稿するあの子にモヤモヤ。
興味ないけれど、なんとなく申し訳なくて
フォロー解除できない学生時代の人たち。
そんな、気分の下がるアカウントは
すべてフォロー解除して整理しましょう♪

SNSは毎日見るものだからこそ、
気分が下がるものを減らして、
ときめくものだけを選んでいきましょうね♥

たった10日で
姫マインドが手に入る♪
姫活ワーク☆

Day 3

今日は、軽やかに
手放すワークです★

LINEトークを
整理する

世界でいちばん大切なわたしを守るために、
必要のない人間関係はサクッと手放しちゃいます♪
興味のない情報が送られてくるグループ
適当に登録したお店のアカウント
なんとなく、ざわつく友だち

などなど、
ときめかないトーク、友だちは
すべて削除♪
考えすぎずに一気にやると、
すっごく気持ちいいですよ😆💕

たった10日で
姫マインドが手に入る♪
姫活ワーク☆

Day 4

今日は、あなたの口グセを
変えちゃいます。

“すみません”を“ありがとう”に置き換える

親切にしてもらっても、ついつい言いがちな
「すみません」という言葉。
「ありがとう」というハッピーなエネルギーに変えられたら、
もっと気分が良いと思いませんか？

親切にしてもらったら「ありがとう」
うれしいことをしてもらったら「ありがとう」
物をもらったら「ありがとう」

余裕があったら笑顔をプラスして伝えてね😆💕

そして１日の終わりには
「ありがとう」と言えた自分を
たくさん褒めてあげましょ😸💖

たった10日で
姫マインドが手に入る♪
姫活ワーク☆

Day 5

姫マインドではいつでも、自分が主役！
理想の1日を妄想して書き出す♪

こんな1日が送れたら最高だな♥
こんな毎日が日常だといいな♥

という理想を書き出してみましょう♪

例♥

6:00 気分よく目覚める
朝ヨガしてスッキリ！
7:30 スムージーを作ってゆっくり飲む
10:00 気になっていた新作をチェックしにデパートへ
お気に入りに出会ってテンションアップ！
12:00 大好きな友だちとランチ
幸せ報告し合ってるんるん♪
14:00 美容院でサラサラヘアーに♪
初めてのカラーに挑戦して、新しいわたし
18:00 仕事終わりの彼と待ち合わせて、
イタリアンレストランでディナー
髪色似合ってるねって褒められて
いつもよりラブラブムード
こんな感じ

コツは
叶うかな……と心配せず、遠慮なく妄想すること
ニヤニヤしちゃうようなスケジュールを書いてみてね

たった10日で
姫マインドが手に入る♪
姫活ワーク☆

Day 6

今日から姫ライフに突入しちゃいましょう♪

1年後の理想の自分を妄想♥

例♥

・パートナー

わたしのことを溺愛してくれる理想通りの彼から
ついにプロポーズされた！　幸せ…

・お仕事

副業で始めたパーソナルスタイリストの活動が大評判で、
ついに会社員を卒業して起業！
理想の収入もスルっと手に入っちゃった

・美容

自分に合う化粧品に出会えて最高のお肌の調子をキープ中
どうしたらそんな風になれるの？　と
女子から憧れられています

・住まい

緑がいっぱいの空気がキレイな場所に、
婚約者と一緒に住んでいます
私だけのときめくクローゼットとドレッサーもあって、
毎日のおしゃれが最高に楽しい

こんな感じでいろんな項目に分けて書くと楽しいよ♪
コツは“叶っている状態”で書くこと
「こうなっています」と言い切る文章で
わくわくしながら書いてね♪

たった10日で
姫マインドが手に入る♪
姫活ワーク☆

Day 7

今日は主役メイクを楽しみます♪

いつもと違う
LIPをつけてみる

鏡に映った自分を見たときに、
パッと映えるLIPをつけていると
なんだかときめきますよね

普段つけるナチュラルなものもいいけれど、
トクベツな日につける用のLIPをつけて
トクベツな1日を自分で作っちゃおう！

自分を変えたり、理想の自分に近づくためには、
内面から変えても外面から変えても
順番はどちらでも良いと言われているの

今、しっかり自分の内側と向き合っている
（あなたのお名前）さん
外見もどんどん自分の理想に近づけていこう

たった10日で
姫マインドが手に入る♪
姫活ワーク☆

Day 8

今日は主役ファッションを楽しみます♪

最高にときめく
ファッションで過ごす

クローゼットを見渡して
「これが着たい！」と思う
ときめくお洋服に身を包んで
ご機嫌な1日を過ごしてね

忙しい毎日を送っていると
「まぁ、これでいっか……」と
適当に選んでしまいがち。

今日トクベツな予定があるかないかは関係なし！

たった10日で
姫マインドが手に入る♪
姫活ワーク☆

Day 9

今日は自分を好きになるワーク★

鏡に映る自分に今、伝えたい言葉を伝える✨

やり方は4ステップ♪

❶今、いちばん言われたい言葉を考える
❷鏡に映る自分の目をしっかり見る
❸目を見たまま、言われたい言葉をかけてあげる
❹あふれてきた感情を感じる

自分を好きになるには、
ありのままの自分を見つめることがとっても大事なの✨

わたしもこのワークを初めてやったときは、
涙が溢れて止まらなかったなぁ……
でも不思議と安心して、スッキリします😆

1人きりの時間に、ゆっくり時間をとって
実践してみてね💖

たった10日で
姫マインドが手に入る♪
姫活ワーク☆

Day 10

今日でいよいよ最終日♪

10日間つづけられた自分に ありがとうを伝える✨

姫活ワーク、10日間達成おめでとうございます
つづけてみて、どうでしたか？✨

始めた日よりも、何かが絶対に変わっているはず！
そんな自分にありがとう、よくできたねって
たくさん褒めてあげてね♪

ここまでつづけられたあなたは、
もう立派な姫マインドさん

自分と向き合うことから逃げないでいてくれてありがとう。
これからさらに人生の主役として生きていくあなたを、
いつも応援しています

心から、愛を込めて。

「仲本あんり@姫マインド」LINE 公式アカウントから、
“悲劇のヒロインを卒業して姫マインドを手に入れる”
10 個のワークを受け取ってください♡

この本を読んでくださったあなたは、
「姫マインド」の基本を知っていただけたかと思います。

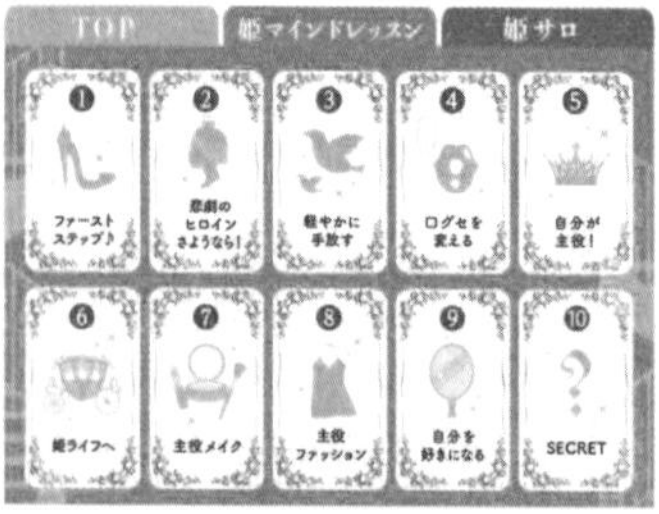

LINE 公式アカウントにご登録いただきこの画像をタップすると
全 10 回、1 日ごとにワークを実践することができます♡
ワークの結果を送っていただくと次のワークができるようになる、
スタンプラリー形式です ^ ^

姫マインドを知ったら、今度はあなたが実践する番です！
インプットとアウトプットはぜひセットでしてみましょう。
このワークに、正解はありません。
世界にたった 1 人のあなたが、何を感じるかを知ることが大切です。

実践して、アウトプットして、
本物の「姫マインド」を身につけてくださいね。

LINE 公式アカウントに送っていただいたワークの実践報告は、
仲本あんりがすべて目を通します♡
「いつかやろう」を手放して、
今日から自分を大切にする毎日を始めましょう！

著者プロフィール

仲本あんり

（なかもと・あんり）

女性向けスタイリングサロンSalon new meオーナー。
27歳のときに「好きを仕事にする」という考え方を知り、パーソナルスタイリストとして起業。1年半で月商100万円を超え、2か月先まで予約の絶えない人気サロンに。現在では3店舗経営。パーソナルスタイリスト養成講座講師、プレプロ講師としても活動するほか、“姫マインド”メソッドを広めるための全国講演も展開している。
https://salon-new-me.com/

出版プロデュース
中野健彦（ブックリンケージ）

構成・編集
山本貴緒

デザイン・DTP
黒岩二三（フォーマルハウト）

校正
田中理恵

制作進行
川嵜洋平（プリ・テック）

「姫《ひめ》マインド」で今《いま》の自《じ》分《ぶん》のまま幸《しあわ》せになる

悲《ひ》劇《げき》のヒロインを卒《そつ》業《ぎょう》して愛《あい》され女《じょ》子《し》になるたったひとつの習《しゅう》慣《かん》

2021年4月16日　発　行　　NDC159

著　者　仲本《なかもと》あんり
発行者　小川雄一
発行所　株式会社 誠文堂新光社
〒113-0033　東京都文京区本郷3-3-11
（編集）電話 03-5800-5779
（販売）電話 03-5800-5780
https://www.seibundo-shinkosha.net/
印刷・製本　プリ・テック 株式会社

©2021, Anri Nakamoto.　Printed in Japan

検印省略
本書記載の記事の無断転用を禁じます。
万一落丁・乱丁の場合はお取り替えいたします。

本書のコピー、スキャン、デジタル化等の無断複製は、著作権法上での例外を除き、禁じられています。本書を代行業者等の第三者に依頼してスキャンやデジタル化することは、たとえ個人や家庭内での利用であっても著作権法上認められません。

JCOPY〈（一社）出版者著作権管理機構 委託出版物〉
本書を無断で複製複写（コピー）することは、著作権法上での例外を除き、禁じられています。本書をコピーされる場合は、そのつど事前に、（一社）出版者著作権管理機構（電話 03-5244-5088／FAX 03-5244-5089／e-mail:info@jcopy.or.jp）の許諾を得てください。

ISBN978-4-416-92107-4